# Schweizer Käse – Fromages suisses – Swiss Cheese

Lucas Rosenblatt    Judith Meyer

FONA

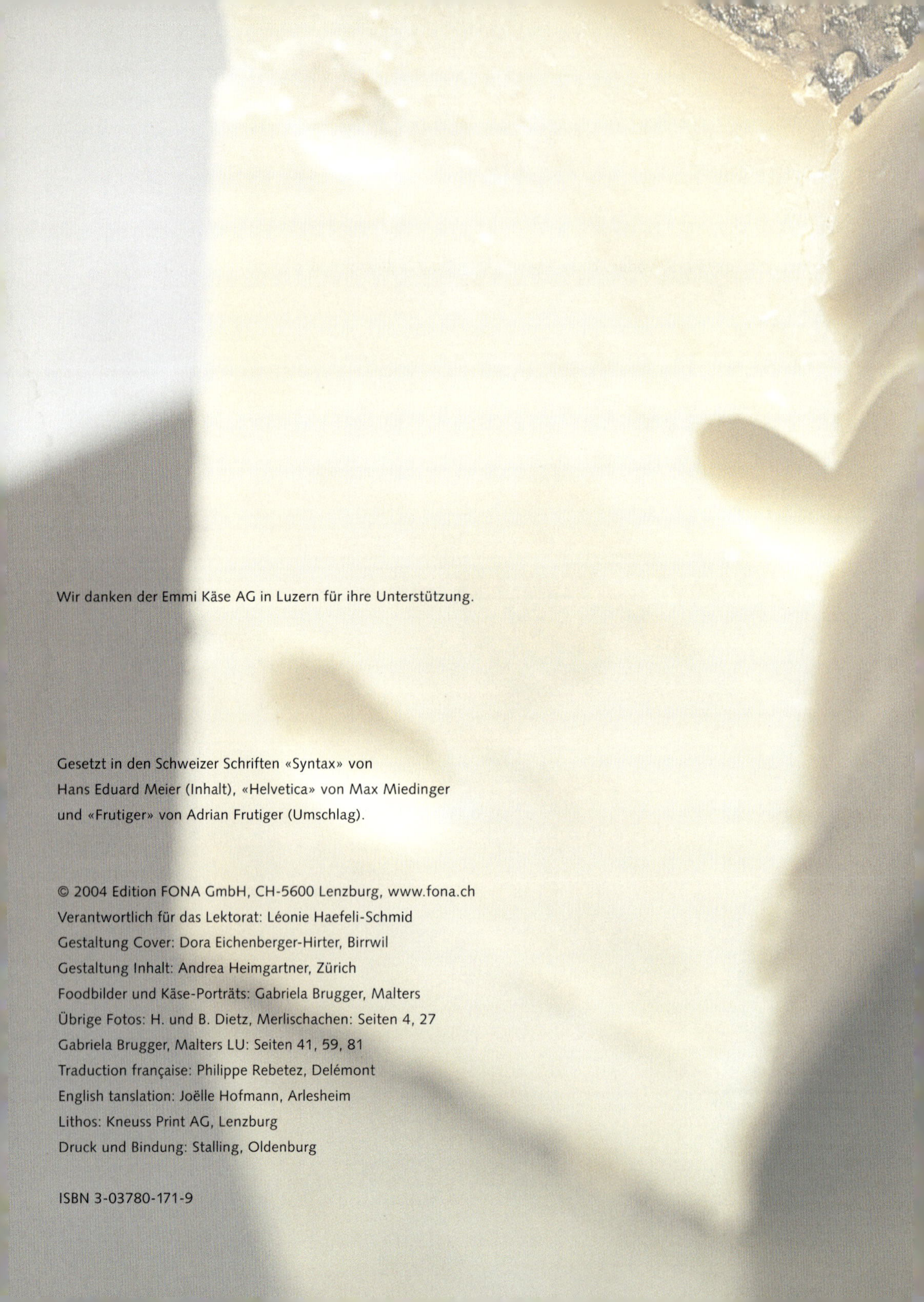

Wir danken der Emmi Käse AG in Luzern für ihre Unterstützung.

Gesetzt in den Schweizer Schriften «Syntax» von
Hans Eduard Meier (Inhalt), «Helvetica» von Max Miedinger
und «Frutiger» von Adrian Frutiger (Umschlag).


Verantwortlich für das Lektorat: Léonie Haefeli-Schmid
Gestaltung Cover: Dora Eichenberger-Hirter, Birrwil
Gestaltung Inhalt: Andrea Heimgartner, Zürich
Foodbilder und Käse-Porträts: Gabriela Brugger, Malters
Übrige Fotos: H. und B. Dietz, Merlischachen: Seiten 4, 27
Gabriela Brugger, Malters LU: Seiten 41, 59, 81
Traduction française: Philippe Rebetez, Delémont
English tanslation: Joëlle Hofmann, Arlesheim
Lithos: Kneuss Print AG, Lenzburg
Druck und Bindung: Stalling, Oldenburg

ISBN 3-03780-171-9

# Inhalt
# Table des matières
# Table of contents

**Wo nicht anders vermerkt, sind die Rezepte für 4 Personen berechnet.**

EL = Esslöffel
TL = Teelöffel
Msp = Messerspitze
l = Liter
ml = Milliliter
g = Gramm

**Sans autres indications, les recettes sont conçues pour 4 personnes.**

cs = cuiller à soupe
cc = cuiller à café
pc = pointée de couteau
l = litre
dl = décilitre
g = gramme

**The recipes are for 4 persons, unless stated otherwise.**

tbsp = table spoon
tsp = tea spoon
l = liter
ml = milliliter
g = gramme

## Vielfalt ohne Grenzen

Schweizer Käse ist durch jahrhundertlange Tradition, erstklassige Rohstoffe und sorgfältiges Handwerk unverwechselbar und einzigartig geworden. Und er soll es auch bleiben.

Rund die Hälfte der in der Schweiz produzierten Milch wird zu Käse verarbeitet. Knapp zwei Drittel der Schweizer Käse wird in gewerblichen Kleinbetrieben hergestellt. Die frische Milch wird in der Käserei noch am gleichen Tag verarbeitet. Käse ist Natur pur, frei von Zusatzstoffen.

Schweizer Käse ist bekannt für seine Tradition, seine Naturbelassenheit und seinen guten Geschmack. Kein Wunder, gehört er seit jeher auf den täglichen Speisezettel der Schweizerinnen und Schweizer. Schweizer Käse findet aber auch schon seit Jahrhunderten im Ausland regen Zuspruch. Etwa 50 % aller in der Schweiz produzierten Käse werden weltweit verkauft.

Das Angebot an traditionell hergestellten Käsesorten ist groß. Emmentaler, Gruyère und Sbrinz, aber auch Appenzeller oder Tête de Moine, gehören im In- und Ausland zu den bekanntesten Käsesorten. Das gesunde Grundnahrungsmittel ist von hoher Qualität – es läßt sich in der Küche auf vielfältige Weise zubereiten und verspricht wahren kulinarischen Genuss. Entdecken Sie es selbst.

Elena Zavatta

## Diversité sans limites

Par une tradition séculaire, des produits de base impeccables et un bon savoir-faire, le fromage suisse est devenu incomparable, unique. Et doit le rester.

La moitié environ du lait produit en Suisse est transformé en fromage. A peu près les deux tiers de fromage sont produits dans de petites entreprises artisanales. Dans les fromageries, le lait frais est déjà transformé le jour de l'arrivage. Le fromage, c'est la nature à l'état pur, sans adjonctions.

Le fromage suisse est connu pour sa tradition, sa qualité de produit naturel et son excellent arôme. Il n'est donc pas étonnant de le retrouver quotidiennement sur les tables suisses. Mais depuis des siècles, le fromage suisse jouit d'une bonne renommée à l'étranger également. Environ la moitié du fromage suisse est vendu dans le monde entier.

L'offre en fromage de production traditionnelle est vaste. Emmental, gruyère et sbrinz, mais également l'appenzell ou la tête de moine, font partie des variétés les plus connues à l'étranger. Cet aliment de base très sain est de qualité élevée. En cuisine, il peut être utilisé sous les formes les plus diverses qui promettent des délices culinaires. Découvrez-les vous-même!

Elena Zavatta

## Variety without boundaries

With centuries of tradition, first-class raw materials and careful craft, Swiss cheese has become unmistakable and unique. And this is the way it should remain.

Approximately half of the milk produced in Switzerland is made into cheese. Almost two thirds of the Swiss cheese is produced in small factories. The fresh milk is processed in the cheese dairy on the same day. Cheese is a natural product and free from any additives.

Swiss cheese is famous for its tradition, its purity and good taste. No wonder, it has always been part of the daily meals of Swiss people. For centuries Swiss cheese has also been much appreciated in foreign countries. Around 50% of the cheese produced in Switzerland is sold world wide.

The variety of traditionally produced cheeses is large. Sbrinz, Emmentaler and Gruyère, but also Appenzeller and Tête de Moine, are all part of the well-known cheeses in Switzerland and also abroad. This healthy basic food is of high quality, it can be pre-pared in many ways and promises true culinary delight. Discover it yourself.

Elena Zavatta

# Appenzeller Käse extra

## Appenzell extra

## Appenzeller Cheese Extra

In früheren Zeiten führte der Appenzeller Käse zu kriegerischen Auseinandersetzungen zwischen den abgabepflichtigen Appenzeller Bauern und dem Kloster St. Gallen. Er wurde Zinskäse, Rütkäse oder Alpkäse genannt.

Heute ist die Produktion von Appenzeller Käse an strikte Auflagen gebunden. Der Appenzeller Käse kommt in 3 Qualitäten und Reifestadien in den Handel. Als «Classic» wird er deklariert, wenn er 3, maximal 4 Monate alt ist. 4 bis 6 Monate alt ist Appenzeller surchoix; er hat ein würzig-reifes Aroma. Nach 6 Monaten ist es ein Appenzeller extra.

In genau bestimmten Zeitabschnitten werden die Laibe während der Reifezeit mit einem geheimgehaltenen Kräutersalz eingerieben. Der Appenzeller Käse bekommt so einen kräftigen, würzigen Geschmack und eine feste Rinde mit gelbbraunem Belag. Hergestellt wird der Appenzeller Käse in den Kantonen Appenzell, St. Gallen sowie Thurgau. Für die Käseherstellung wird Rohmilch verwendet, aber nur von Kühen, die ohne Silofutter gefüttert werden. Zusatzstoffe sind nicht erlaubt. Die Käselaibe wiegen im Durchschnitt 7 kg.

A l'époque, le fromage d'Appenzell a provoqué des guerres entre l'Abbaye de Saint-Gall et les paysans appenzellois redevables. On l'appelait le fromage de dîme ou d'alpage. Aujourd'hui, l'appenzell est soumis à une réglementation de production très stricte. L'appenzell se vend sous trois appellations et degrés de maturité différents. La qualité «Classic» n'a pas plus de 3 à 4 mois d'âge.

Le «Surchoix» a 4 à 6 mois d'âge et possède un arôme corsé. Après 6 mois de maturation, il porte le label «Appenzell extra».

Durant l'affinage, les fromages sont enduits à des intervalles réguliers d'un sel aux herbes à la composition tenue secrète. Ce traitement lui confère un arôme corsé, épicé, ainsi qu'une croûte ferme de couleur jaune dorée. Il est produit dans les cantons d'Appenzell, St-Gall et Thurgovie. Pour la production, on utilise du lait cru de vaches nourries sans ensilage. Les fourrages additifs ne sont pas autorisés. Les meules pèsent en moyenne 7 kg.

In former times the Appenzeller cheese lead to warlike quarrels between the farmers of Appenzell with handing in duty and the monastery of St. Gallen. It was called Tax cheese, Rüt cheese or Mountain cheese. Today the production of Appenzeller cheese is bound to strict conditions. The Appenzeller cheese is available on the market in 3 grades of quality and maturity. It is declared as «Classic» when it is not older than 3 to 4 months. Appenzeller «Surchoix» is 4 to 6 months old and has a tasty mature aroma. After 6 months of maturation it is an Appenzeller «Extra».

During the time of maturation, the blocks are rubbed on a pre-set basis with a secret herbal salt. This gives the Appenzeller cheese its strong, tasty flavour and a firm rind with a yellow-brown coating. The cheese is produced in the cantons of Appenzell, St. Gallen and Thurgau. For the processing of the cheese, untreated milk from cows that have not been fed with silo fodder, is used. Additives are not allowed. The blocks of cheese have an average weight of 7 kg.

**Qualität** Appenzeller Käse extra

**Käsetyp** Halbhartkäse

**Verarbeitete Milch** Rohmilch

**Milchart** Kuhmilch

**Fettgehalt** vollfett (48 %)

**Wassergehalt** 52 %

**Reife** garantiert 6 Monate gelagert

**Geschmack** extra-würzig

**Qualité** Appenzell extra

**Type de fromage** pâte mi-dure

**Traitement du lait** lait cru

**Sorte de lait** lait de vache

**Matière grasse** gras (48 %)

**Teneur en eau** 52 %

**Maturité** stockage de 6 mois garantis

**Goût** particulièrement corsé

**Quality** Appenzeller cheese extra

**Type of cheese** semi-hard cheese

**Milk processing** untreated milk

**Type of milk** cow's milk

**Fat content** full-fat (48 %)

**Water content** 52 %

**Maturity** 6 months of storage guaranteed

**Taste** strong and tasty

# Raclettekäse

## Fromage à raclette

## Raclette Cheese

Raclettekäse war ursprünglich der Käse der Walliser und wurde ausschließlich aus Rohmilch hergestellt. Der Name «Raclette» entstand im 19. Jahrhundert vermutlich aus dem französischen Wort «racler», was in deutscher Übersetzung «abschaben» oder «abkratzen» bedeutet.

Die Nachfrage nach dem zart schmelzenden Käse hat in den letzten Jahrzehnten sprunghaft zugenommen; «Raclette» ist eines der beliebtesten Schweizer Gerichte. Und so erstaunt es nicht, dass nur noch ein kleiner Teil (rund 14 %) des Raclettekäses aus dem Wallis stammt und die übrigen 86 % in der ganzen Schweiz hergestellt werden.

Der Raclettekäse wird heute hauptsächlich aus pasteurisierter Milch hergestellt. Nach 4 Monaten erreicht er die optimale Reife. Er wird außer für Raclette auch als Tafelkäse verwendet. Und älterer Raclettekäse wird zu Hobelkäse.

A l'origine, le fromage à raclette était valaisan et était produit à partir de lait cru uniquement. Le terme «raclette» est né au 19e siècle et découle de racler et désignait initialement le fait de consommer du fromage raclé à chaud.

La demande en fromage à racler a augmenté de manière exponentielle ces dernières décennies. La raclette est l'un des plats suisses les plus en vogue. Il n'est dès lors pas étonnant que seule une petite partie du fromage à raclette provienne encore du Valais (14 %), alors que les 86 % proviennent de grandes productions du reste de la Suisse.

Aujourd'hui, le fromage à raclette est essentiellement produit à partir de lait pasteurisé. Après 4 mois, il atteint sa maturité optimale. A part pour la raclette, on l'utilise également comme fromage de coupe. Les fromages plus anciens servent à préparer des rebibes.

Raclette cheese is originally the cheese of the people of Vallais and was exclusively produced with untreated milk. The name «Raclette» arose in the 19th century, probably coming from the French word «racler», translated means «scraping off".

The demand for this soft melting cheese has rapidly increased in the last decades: Raclette is one of the most popular Swiss dishes. It is therefore not surprising, that only a small part (14 %) of the Raclette cheese comes from Vallais and the rest (86 %) is produced in large enterprises in the rest of Switzerland.

The Raclette cheese is today mainly produced with pasteurised milk. After 4 months it reaches its optimal maturity. It is, apart from Raclette, also used as an everyday cheese. Older Raclette cheese is turned into grated cheese.

**Qualität** Schweizer Raclettekäse

**Käsetyp** Halbhartkäse

**Verarbeitete Milch** pasteurisierte Milch

**Milchart** Kuhmilch

**Fettgehalt** vollfett (48 %)

**Wassergehalt** 61 %

**Reife** 4 Monate

**Geschmack** mild, leicht säuerlich

**Qualité** fromage suisse à raclette

**Type de fromage** pâte mi-dure

**Traitement du lait** lait pasteurisé

**Sorte de lait** lait de vache

**Matière grasse** gras (48 %)

**Teneur en eau** 61 %

**Maturité** 4 mois

**Goût** doux, légèrement acidulé

**Quality** Swiss Raclette cheese

**Type of cheese** semi-hard cheese

**Milk processing** pasteurised milk

**Type of milk** cow's milk

**Fat content** full-fat (48 %)

**Water content** 61 %

**Maturity** 4 months

**Taste** mild, slightly sour

# Winzerkäse

## Fromage des vignerons

## Wine maker's Cheese

Sein einzigartig würziges Aroma verdankt der Winzerkäse der Behandlung mit einer streng geheim gehaltenen Mischung aus bestem Walliser Rotwein und frischen Alpenkräutern. Vier ausgewählte Käsereien stellen aus Rohmilch dieses anspruchsvolle Naturprodukt von erstklassiger Qualität her. Zeit, fachmännische Pflege sowie eine regelmäßige Behandlung mit der Wein-Alpenkräuter-Mischung garantieren, dass das Aroma des Winzerkäses mit zunehmendem Alter immer ausgeprägter und sein Charakter immer typischer wird. Mit fünf Monaten ist der Käse reif. Doch nun fehlt noch etwas ganz Wichtiges: Erst wenn der Winzerkäse seine schwarze Schutzschicht mit der charakteristischen Traubenprägung bekommen hat, gelangt er in den Verkauf. Nun können Käseliebhaber auf der ganzen Welt dahinschmelzen.

Le fromage des vignerons doit son arôme corsé et unique à un mélange secret de bon vin rouge valaisan et d'herbes des montagnes fraîchement cueillies. Ce fromage naturel de premier choix exige une élaboration très sophistiquée assurée en exclusivité par quatre fromageries uniquement. Produit à partir de lait cru, les soins réguliers et le traitement au mélange vin rouge et herbes des montagnes font que le goût épicé et typique de ce fromage s'étoffe avec l'âge. Après cinq mois, il a atteint sa maturation et sa plénitude en goût. Il ne manque plus que le dernier détail: la couche de protection noire avec l'estampage d'un motif de grappes en relief. Le fromage est alors prêt à séduire tous les gourmets du monde entier.

The Wine maker's cheese owes its exceptional tasty aroma to the treatment with a secret mixture of fine red wine from Valais and fresh mountain herbs. Four selected cheese dairies produce this first class high-quality natural product made from untreated milk. Time, expert care and regular treatment with red wine and herbal mixture guaranties that the aroma of the Wine maker's cheese becomes more intense and its character more distinctive with age. After five months the Wine maker's cheese is mature. Although something essential is still missing: only once the Wine maker's cheese has obtained its black protective coating with the characteristic grape embossing will it come on the market. Now all the cheese lovers of the world can melt at its taste.

**Käsetyp** Halbhartkäse

**verarbeitete Milch** thermisierte Milch

**Milchart** Kuhmilch

**Fettgehalt** vollfett (45 %)

**Wassergehalt** 56 %

**Reife** garantiert 5 Monate

**Geschmack** würzig

**Handelspackung** Laib von 7 kg

**Konsumpackung** 250 g

**Type de fromage** pâte mi-dure

**Traitement du lait** lait pasteurisé

**Sorte de lait** lait de vache

**Matière grasse** gras (45 %)

**Teneur en eau** 56 %

**Maturité** 5 mois

**Goût** corsé

**Emballage de gros** meules de 7 kg

**Emballage de détail** 250 g

**Type of cheese** semi-hard cheese

**Milk processing** pasteurised milk

**Type of milk** cow's milk

**Fat content** full-fat (45 %)

**Water content** 56 %

**Maturity** 5 months

**Taste** tasty

**Market wrapping** Block of 7 Kg

**Consumer wrapping** 250 g

# Sbrinz AOC

Der Extraharte aus dem Herzen der Schweiz ist einer der ältesten Schweizer Käse überhaupt. Der römische Schriftsteller Plinius schreibt etwa 50 n. Chr. von einem «Caseus Helveticus», vermutlich dem Sbrinz. Und Im 17. Jahrhundert war der Extraharte weit über die Landesgrenzen hinaus bekannt und beliebt. Mit Maultieren säumten damals Händler die festen Sbrinzlaibe über den Gotthard nach Italien und tauschten sie gegen Reis, Kastanien und Wein.

Mit dem begehrten Titel «Appellation d'Origine Contrôlée AOC» wird der Sbrinz weltweit geschützt. Seine Herstellung unterliegt strengen Qualitätsvorschriften. So muss die Milch von Kühen stammen, die im Sommer mit Gras und im Winter mit Heu gefüttert werden. Silofutter und anderes Zusatzfutter sind nicht erlaubt. Der Sbrinz AOC wird in 42 Alp- und Talkäsereien hergestellt. Für einen 45 kg schweren Käselaib werden mehr als 600 Liter frische Rohmilch verarbeitet. Die gepressten Laibe werden während 18 Tagen in Salzwasser gelagert. Darauf verlieren sie im Abschwitzraum bei 18 °C Wasser und Fett. Die Laibe werden regelmäßig trocken gerieben. Bei stehender Lagerung kann der Sbrinz in aller Ruhe reifen. Das volle Aroma entwickelt er erst nach 24 Monaten.

Ce fromage à pâte extradure né au cœur de la Suisse est l'un des fromages les plus vieux du pays. L'écrivain Pline parlait, vers 50 après J.-C., d'un «Caseus Helveticus», probablement le sbrinz. Au 17e siècle, ce fromage était apprécié loin à la ronde, hors des frontières suisses. En traversant les cols alpins, les marchands le transportaient à dos de mulet vers l'Italie pourl'échanger contre du riz, des châtaignes et du vin.

Par son appellation AOC, le sbrinz est mondialement protégé. La production est soumise à une sévère réglementation qualitative. Ainsi, le lait ne doit provenir que de bétail nourri d'herbages en été et de foin en hiver. Ni ensilage, ni additifs, ni fourrages complémentaires ne sont autorisés. Le sbrinz AOC est produit par 42 fromageries d'alpage et de plaine. Pour une meule de 45 kg, plus de 600 litres de lait frais sont nécessaires. Les meules pressées sont déposées durant 18 jours dans de la saumure. Il est ensuite entreposé à 18 °C pour perdre de l'eau et de la graisse. Régulièrement, les meules doivent être frottées et séchées. Stockées verticalement, les meules peuvent alors parfaire leur maturation pour la plénitude de leur arôme, au terme de 24 mois.

This extra-hard cheese from the heart of Switzerland is one of the oldest Swiss cheeses. The Roman writer Plinius wrote around 50 AD of a «Caseus Helveticus», probably the Sbrinz. And in the 17th century, this extra-hard cheese was known and appreciated way across the border. The traders led mules with the firm blocks of Sbrinz across the Gotthard to Italy and exchanged the cheese for rice, chestnuts and wine.

With the coveted title «Appellation d'Origine Contrôllée AOC» the Sbrinz is globally registered. Its production is subject to strict quality regulations. The milk has to be from cows that have been fed on grass in summer and on hay in winter. Silo fodder and other additional fodder is not allowed. The Sbrinz AOC is produced in 42 mountain and valley cheese dairies. More than 600 litres of fresh untreated milk are required for a 45 kg block of cheese. The pressed blocks are stored for 18 days in salty water. Then the cheese blocks will loose water and fat in the sweat room at 18°C. The blocks are regularly rubbed dry. After that the Sbrinz can mature in peace stored in a standing position. It is only after 24 months that it will reach its full aroma.

**Qualität** Sbrinz AOC

**Käsetyp** Extra-Hartkäse

**Verarbeitete Milch** Rohmilch

**Milchart** Kuhmilch

**Fettgehalt** vollfett (45 %)

**Wassergehalt** 32 %

**Reife** ab 16 Monaten

**Geschmack** salzig, säuerlich und zugleich süßlich

**Qualité** Sbrinz AOC

**Type de fromage** pâte extra-dure

**Traitement du lait** lait cru

**Sorte de lait** lait de vache

**Matière grasse** gras (45 %)

**Teneur en eau** 32 %

**Maturité** à partir de 16 mois

**Goût** salé, fruité avec une note douce-amère

**Quality** Sbrinz AOC

**Type of cheese** extra-hard cheese

**Milk processing** untreated milk

**Type of milk** cow's milk

**Fat content** full-fat (45 %)

**Water content** 32 %

**Maturity** from 16 months

**Taste** salty, a little sour and at the same time a little sweet

# Emmentaler

Auch wenn der Emmentaler heute in modernen Produktionsräumen hergestellt wird, sind nach wie vor Tradition und Fingerspitzengefühl gefragt. Der junge Käse wird gepresst, in Salzwasser gebadet und 2 Wochen im kühlen Salzkeller gelagert. Nun folgen 2 Wochen in der «Vorheizung» bei 18 bis 20 °C, bevor die Laibe 4 bis 6 Wochen im warmen Gärkeller bei 20 bis 23 °C gelagert werden. Hier bildet sich im Innern des Käselaibes Kohlensäuregas. Und weil dieses nicht entweichen kann, entstehen die berühmten Löcher.

Nach 3 Monaten werden die Laibe in 3 Qualitäten eingeteilt. In Lagerkellern wird der Emmentaler 4 bis 8 Monate gepflegt. Er reift bei konstanter Temperatur und Luftfeuchtigkeit. Als «Emmentaler Switzerland milder Käse» kommt er nach 4 Monaten in den Handel, und als «Emmentaler Switzerland réserve» nach 8 Monaten. Für den höhlengereiften Emmentaler werden nach 4 Monaten die besten Käselaibe ausgesucht und für die Reifung in eine Sandsteinhöhle gebracht, wo sie bei optimalem Klima gepflegt werden. Nach 8 Monaten nehmen die Käselaibe eine natürliche schwarzbraune Farbe an, das Markenzeichen für einen echten höhlengereiften Emmentaler. Durch das Wenden und Waschen entwickelt sich die einzigartig nussige Würze. Nach 14 Monaten ist die Veredelung abgeschlossen.

Bien que de nos jours le fromage soit fabriqué dans des locaux de production modernes, sa préparation exige toujours tradition et beaucoup de doigté. Le jeune Emmentaler est pressé, plongé dans un bain de saumure, puis déposé durant 2 semaines dans la cave froide de saumurage. Suivent 2 semaines dans la cave de pré-chauffage d'une température entre 18 et 20 °C, avant d'être entreposé entre 4 et 6 semaines dans la cave de fermentation ou chaude, entre 20 et 23 °C, où il est quotidiennement brossé. Durant cette période se produit du gaz carbonique qui ne peut pas s'échapper des meules. Il produit alors les fameux trous.

Après 3 mois, les meules sont classées en 3 catégories. Dans de grandes caves de stockage, l'emmental repose à humidité constante avec une température de 12 °C durant 4 à 8 mois. Sous le nom «Emmental Switzerland doux», il est vendu après 4 mois d'affinage, sous l'appellation «Emmental Switzerland réserve», après 8 mois. Pour l'emmental affiné en grotte, les meilleures meules de fromage sont sélectionnées après 4 mois d'affinage et transférées dans les grottes de molasse où elles sont affinées dans un climat optimal. Après 8 mois, le fromage développe sont arôme unique et les meules prennent leur couleur brun-noir naturelle. Ce qui caractérise l'emmental affiné en grotte.

Even though today, the Emmentaler cheese is produced in modern factories, tradition and a good feel is required. The young Emmentaler is pressed, bathed in salty water and stored for 2 weeks in a cool salt cellar, followed by 2 weeks in «preheating» at 18 °C to 20 °C, before the blocks are stored 4 to 6 weeks in a warm fermenting cellar at 20 °C to 23 °C. During that time, carbonic acid gasses are produced. Due to the fact that they cannot escape, the famous Emmentaler holes are formed.

After 3 months the blocks of cheese are classed in 3 qualities. The Emmentaler is stored in big storage cellars, where it is well taken care of and carries on maturing by constant temperature and air humidity for another 4 to 8 months. After 4 months it arrives on the market as «Emmentaler Switzerland Mild Cheese» and after 8 months as «Emmentaler Switzerland Reserve». For the «cave aged Emmentaler», the best cheeses were selected after 3 months and brought to the caves of Santenberg (Central Switzerland) for maturation. There they are taken care off in an ideal climate. After 8 months the blocks turn to a natural dark colour. By turning and washing a unique nutty aroma develops. After 14 months the cheese refinement is completed.

**Qualität** höhlengereifter Emmentaler

**Käsetyp** Hartkäse

**Verarbeitete Milch** Rohmilch

**Milchart** Kuhmilch

**Fettgehalt** vollfett (45 %)

**Wassergehalt** 54 %

**Reife** 14 Monate

**Geschmack** würzig, nussartig

**Qualité** Emmental, affiné en grotte

**Type de fromage** pâte dure

**Traitement du lait** lait cru

**Sorte de lait** lait de vache

**Matière grasse** gras (45 %)

**Teneur en eau** 54 %

**Maturité** 14 mois

**Goût** très relevé aux accents de noix

**Quality** Emmentaler, cave aged

**Type of cheese** hard cheese

**Milk processing** untreated milk

**Type of milk** cow's milk

**Fat content** full-fat (45 %)

**Water content** 54 %

**Maturity** 14 months

**Taste** tasty, nutty

# Tête de Moine

Der Bellelay-Käse – nach einem ehemaligen Kloster im Schweizer Jura benannt – wurde im Jahre 1570 erstmals urkundlich erwähnt. Nach der Französischen Revolution hat der Käse seinen heutigen Namen «Tête de Moine» bekommen. Ursprünglich wurde er nur im Winter hergestellt; da er aber immer mehr Anhänger gefunden hat, ist er nun das ganze Jahr im Angebot.

Der Tête de Moine erhielt im Jahre 2001 den AOC-Status. Damit wurde nicht nur der Name, sondern auch die Herstellungsart geschützt. Die Bestimmungen besagen, dass der Tête de Moine aus kuhwarmer Rohmilch von Kühen hergestellt wird, die ohne Silofutter gefüttert werden. Der Bruch wird bei 47 °C erwärmt. Auch Fett- und Wassergehalt, Art der Milchgerinnung, Bakterienkulturen, Pflege und Reifung während 3 bis 4 Monaten sind vorgeschrieben. Der Käse hat ein unverwechselbares Aroma und ist dank des hohen Fettgehalts sehr geschmeidig. Die alleinigen Produktionsstandorte des zylinderförmigen Tête de Moine sind die Ursprungsgebiete in den Amtsbezirken Franches-Montagnes, Pruntrunt, Moutier, Courtelary.

Ce fromage de Bellelay, un ancien couvent du Jura suisse, est documenté pour la première fois en 1570. C'est après la Révolution française que ce fromage prit le nom actuel de «Tête de moine». A l'origine, ce fromage n'était produit qu'en hiver. Mais comme la demande augmentait sans cesse, on en produit aujourd'hui durant toute l'année. En 2001, la tête de moine obtint son AOC protégeant non seulement son nom, mais également son mode de fabrication. Les prescriptions exigent une production à partir de lait cru, à température de la traite, provenant de vaches nourries sans ensilage. Le caillé est amené à 47 °C. La teneur en matière grasse, en eau, l'obtention du caillé, les cultures de bactéries, les soins et l'affinage de 3 à 4 mois, sont décrits en détail. La tête de moine possède un arôme unique et sa pâte est très souple grâce à sa teneur élevée en matières grasses. Les régions de production de ce fromage cylindrique se situent autour de son lieu d'origine. Ce sont les districts des Franches-Montagnes, Porrentruy, Moutier, Courtelary.

The cheese from Bellelay, named after a former monastery in the Jura of Switzerland, was first documented in 1570. After the French Revolution the cheese received its current name «Tête de Moine». Initially the cheese was only produced in winter, but due to its increased popularity, it is available today all year round. In 2001, the Tête de Moine received the AOC status, protecting not only the name but also the way of production. The regulation stipulates, that the cheese has to be produced with warm untreated milk from cows that are not fed with silo fodder. The curd is warmed up to a temperature of 47 °C. The fat and water content, the way to curdle the milk, the bacteria cultures, the caring and maturation of 3 to 4 months are also stipulated. The Tête de Moine has an unmistakable aroma and is, thanks to its high fat content, very smooth. The only production areas of the cylinder shaped cheese are the original regions of the administrative districts of Franches-Montagnes, Porrentruy, Moutier and Courtelary.

**Käsetyp** Halbhartkäse

**Verarbeitete Milch** Rohmilch

**Milchart** Kuhmilch
keine Silagefütterung

**Fettgehalt** vollfett (51 %)

**Wassergehalt** 35 %

**Reife** mindestens 3 Monate

**Geschmack** rein, aromatisch, mit zunehmender Reife ausgeprägter

**Type de fromage** pâte mi-dure

**Traitement du lait** lait cru

**Sorte de lait** lait de vache
sans fourrage ensilé

**Matière grasse** gras (51 %)

**Teneur en eau** 35 %

**Maturité** 3 mois au minimum

**Goût** pur et aromatique, plus prononcé par la maturation

**Type of cheese** semi-hard cheese

**Milk processing** untreated milk

**Type of milk** cow's milk
without silage feeding

**Fat content** full-fat (51 %)

**Water content** 35 %

**Maturity** at least 3 months

**Taste** Pure, aromatic, enhanced with increased maturity

# Le Gruyère

Gruyère Käse besticht durch sein kräftiges Aroma und seinen zarten, mürben Teig. Während der Reifung wird er mit reinem Salzwasser eingerieben. So entsteht auf der Rinde eine Schmierschicht, welche die Reifung beschleunigt und dem Käse ein kräftiges Aroma gibt. «Le Gruyère» wird außer im Greyerzerland auch in den angrenzenden französischsprachigen Gebieten der Schweiz hergestellt.

Ein milder Gruyère hat eine Reifezeit von 5 Monaten, ein mittelreifer 8 Monate und ein rezenter braucht zusätzliche 2 Monate. Nach einer Reifedauer von 12 Monaten wird er zum «Surchoix». «Le Gruyère AOC» ist eine geschützte Ursprungsbezeichnung. Sie sichert nicht nur die Qualität, sondern garantiert auch Echtheit.

Höhlengereifter Gruyère stammt aus dem Santenberg (LU). In der Sandsteinhöhle hat die mineralstoffreiche Luft eine konstante Temperatur von 12,5 °C bei einer Luftfeuchtigkeit von 94 %. Die jungen Käselaibe (4 Monate alt) werden in ausgewählten Dorfkäsereien streng selektioniert, bevor sie in der Höhle während 10 Monaten reifen; dabei werden sie täglich 2 Mal mit Salzwasser eingerieben. Nach 14 Monaten ist der Gruyère eine echte Delikatesse.

L'arôme corsé et la pâte moelleuse et délicate de ce fromage sont ses atouts. Durant le processus de maturation, le fromage est lavé à la saumure. Il se forme alors une croûte aromatique qui confère l'arôme typique au fromage et accélère sa maturation. A part dans le pays de la Gruyère, ce fromage est également fabriqué dans les régions limitrophes de Suisse romande.

Pour une qualité douce, le temps de maturation est de 5 mois, pour une qualité mi-salée de 8 mois, alors qu'un fromage salé exige une maturation de 10 mois. Avec une année de soins, on atteint la qualité surchoix, «Gruyère AOC». Cette appellation d'origine contrôlée en assure la qualité et l'origine.

Le gruyère affiné en grotte est livré depuis le Santenberg (canton de Lucerne). Dans ces vastes grottes taillées dans la molasse, il règne une température constante de 12,5 °C et une humidité de 94 %. Les meules de 4 mois d'âge sont sévèrement sélectionnées dans des fromageries artisanales avant de terminer leur maturation en grotte durant 10 mois. Elles y sont lavées à la saumure deux fois par jour. Après 14 mois, le fromage est un véritable délice.

Gruyère cheese wins over with its strong taste and its soft, tender centre. During maturation the cheese is rubbed with salty water to develop a greasy skin on the rind, which accelerated the maturation and gives the cheese a powerful aroma. Apart from the region of Gruyère, «Le Gruyère» is too produced in the bordering French speaking regions of Switzerland. For a mild cheese the maturation takes 5 months, for a medium cheese 8 months, the tart version takes an additional 2 months and a year of care to make an «Surchoix» Le Gruyère AOC out of it. The registered mark of origin not only assures quality but also authenticity.

The cave aged Gruyère is matured in caves from the Santenberg (Canton of Lucerne). In the waste spread sandy caves the air rich in minerals and has a constant temperature of 12,5 °C with air humidity of 94 %. The young cheese blocks (4 months old) are strictly selected in the cheese dairy, before they are transported to the caves where they mature over a period 300 days and are rubbed down with salty water twice a day. After 14 months the cheese has a delicious aroma.

**Qualität** Höhlengereifter Gruyère AOC

**Käsetyp** Hartkäse

**Verarbeitete Milch** Rohmilch

**Milchart** Kuhmilch

**Fettgehalt** vollfett (45 %)

**Wassergehalt** 45 %

**Reife** 12 bis 14 Monate

**Geschmack** würzig, mürber Käseteig

**Qualité** Gruyère affiné en grotte AOC

**Type de fromage** pâte dure

**Traitement du lait** lait cru

**Sorte de lait** lait de vache

**Matière grasse** gras (45 %)

**Teneur en eau** 45 %

**Maturité** 12 à 14 mois

**Goût** pâte corsée et fondante

**Quality** Le Gruyère cave aged AOC

**Type of cheese** hard cheese

**Milk process** untreated milk

**Type of milk** cow's milk

**Fat content** full-fat (45 %)

**Water content** 45 %

**Maturation** 12 to 14 months

**Taste** tasty, tender cheese dough

# Tilsiter Bild nebenan

Der Tilsiter ist ein geschütteter Käse, d. h. der Käsebruch wird in eine Form geschüttet und gepresst. Unter dem Druck des Eigengewichtes läuft die Molke ab. Nach dem Salzbad werden die Käse eingerieben und so entsteht die typische Flora des Rotschmierkäses mit den Linens-Bakterien. Der Tilsiter wird während dieser Zeit in feuchten Kellern gelagert und regelmäßig gewendet.

Pour la production du tilsit, le caillé est «versé» dans des moules, puis pressé. Sous la pression de son propre poids, le petit-lait s'écoule. Après le bain dans la saumure, les fromages sont enduits et il se forme la flore typique du fromage à pâte lavée avec ses bactéries de Linens. Le fromage est entreposé dans des caves humides et régulièrement retourné.

The Tilsiter belongs in the category of the shaken cheeses, which means that the curd is poured into a shape and then pressed. Under the pressure of the natural weight the whey drains off. After the salty bath, the cheeses are rubbed, to create the typical flora of the red skinned cheese with Linens bacteria. During that time the Tilsiter is stored in humid cellars and turned over on a regular basis.

# Luzerner Rahmkäse Bild Seite 26

## Fromage à la crème lucernois

## Lucerne Cream Cheese

Die Käsemeister des Luzerner Rahmkäses machen aus der hochwertigen Milch aus der näheren Umgebung von Luzern einen wunderbar zarten, cremigen und qualitativ vorzüglichen Käse. Er besticht durch sein reines, rahmig-zartes Aroma und findet dadurch Fans in jeder Altersgruppe. Viele Touristen kennen den Luzerner Rahmkäse durch Aufenthalte in der Schweiz. Gerne wird der Schnittkäse mit dem unverkennbaren blau-weißen Etikett und der illustrierten Darstellung der Kapellbrücke von Luzern am Vierwaldstätter See als Urlaubserinnerung nach Hause mitgenommen.

Les maîtres fromagers du fromage à la crème lucernois s'efforcent, jour après jour, de produire un fromage délicat, crémeux et de première qualité à partir de lait de haute valeur de la région lucernoise. Le fromage convainc par son arôme pur et subtil, sa consistance crémeuse et ses adeptes se recrutent dans toutes les classes d'âge. Bon nombre de touristes connaissent ce fromage par leurs séjours en Suisse. Ce fromage à la coupe, avec son étiquette traditionnellement bleue et blanche illustrant le Kapellbrücke de Lucerne, est donc volontiers emporté comme souvenir d'un passage dans la région du lac des Quatre-Cantons.

The cheese craftsman of the Lucerne Cream Cheese are ensuring day after day that out of the high-quality milk from the region of Lucerne, a wonderfully tender, creamy and first-class cheese is produced. The cheese wins fans in all age groups with its pure, creamy-smooth aroma. Many tourists know the Lucerne Cream Cheese from stays in Switzerland. The hard cheese with its unmistakable blue and white label and its illustration depicting the Kapell Bridge on the banks of the Lake of Lucerne is often taken home as a holiday souvenir.

**Qualität** Rohmilch-Tilsiter Switzerland SURCHOIX

**Käsetyp** Halbhartkäse

**Verarbeitete Milch** Rohmilch

**Milchart** Kuhmilch

**Fettgehalt** vollfett (45 %)

**Wassergehalt** 56 %

**Reife** 4 bis 6 Monate

**Geschmack** würzig, rezent

**Qualité** Tilsit Switzerland SURCHOIX au lait cru

**Type de fromage** pâte mi-dure

**Traitement du lait** lait cru

**Sorte de lait** lait de vache

**Matière grasse** gras (45 %)

**Teneur en eau** 56 %

**Maturité** 4 à 6 mois

**Goût** relevé et corsé

**Quality** Untreated Tilsiter Switzerland SURCHOIX

**Type of cheese** half-hard cheese

**Milk processing** untreated milk

**Type of milk** cow's milk

**Fat content** full-fat (45 %)

**Water content** 56 %

**Maturity** 4 to 6 months

**Taste** tasty, tart, sour

**Käsetyp** Halbhartkäse

**Verarbeitete Milch** pasteurisierte Milch

**Milchart** Kuhmilch

**Fettgehalt** Rahmkäse (55 %)

**Wassergehalt** 62 %

**Reife** 5 bis 6 Wochen

**Geschmack** samtig, cremig

**Type de fromage** pâte mi-dure

**Traitement du lait** lait pasteurisé

**Sorte de lait** lait de vache

**Matière grasse** fromage à crème (55 %)

**Teneur en eau** 62 %

**Maturité** 5 à 6 semaines

**Goût** doux, aromatique

**Type of cheese** semi-hard cheese

**Milk processing** pasteurised milk

**Type of milk** cow's milk

**Fat content** Cream cheese (55%)

**Water content** 62 %

**Maturity** 5 to 6 weeks

**Taste** smooth, creamy

# Fingerfood

Sur le pouce

Fingerfood

## Sbrinzsablé

**60 g Weißmehl/Mehltype 405**
**1 Eigelb, Salz**
**45 g kalte Butterstückchen**
**60 g geriebener Sbrinz**
**1 TL gehackte schwarze Oliven**

**1** Mehl in Schüssel geben, Vertiefung formen, übrige Zutaten zugeben, zu einem glatten Teig verarbeiten.

**2** Teig auf bemehlter Arbeitsfläche 5 mm dick ausrollen, 30 Rondellen von 3 cm Durchmesser ausstechen, auf ein mit Backpapier belegtes Blech legen, 30 Minuten kühl stellen.

**3** Sablés im vorgeheizten Backofen bei 180 °C während 10 Minuten goldgelb backen.

**4** Sablés mit Feta, Zwiebelconfit, Schmortomaten ... belegen.

**Zwiebelconfit** 2 mittelgroße rote Zwiebeln in feine Streifen schneiden. 50 g geschälten Ingwer klein würfeln. 4 EL Zucker und 2 EL Wasser erhitzen, bei mittlerer Temperatur zu einem dunklen Karamell einkochen, Zwiebeln, Ingwer, 10 zerdrückte Koriandersamen und 2 EL Rotweinessig zufügen, bei mittlerer Hitze etwa 5 Minuten köcheln, mit Salz, Pfeffer, sowie Cayennepfeffer würzen. Erkalten lassen.

**Geschmorte Tomaten** Backofen auf 140 °C vorheizen. Blech einfetten, Thymianblättchen darauf verteilen, mit Pfeffer und Salz bestreuen. 15 halbierte Cherrytomaten mit der Schnittfläche darauf legen, 30 Min. schmoren.

## Sablés au sbrinz

**60 g de farine blanche**
**1 jaune d'œuf, sel**
**60 g de sbrinz râpé**
**1 cc d'olives noires hachées**

**1** Verser la farine dans un saladier. Y verser le reste des ingrédients, les travailler pour en faire une pâte homogène.

**2** Abaisser la pâte à 5 mm. Découper 30 ronds de 3 cm Ø, les déposer sur une plaque recouverte de papier sulfurisé. Les garder 30 minutes au frais.

**3** Faire cuire les sablés au four préchauffé à 180 °C pour 10 minutes.

**4** Selon goût, recouvrir la surface des sablés de feta, de confit d'oignons, de tomates séchées.

**Confit d'oignons** couper 2 oignons rouges moyens et fines tranches. Hacher finement 50 g de racine de gingembre fraîche. Faire chauffer 4 cs de sucre et 2 cs d'eau jusqu'à obtention d'un caramel foncé. Ajouter les oignons, le gingembre, 10 graines de coriandre concassées et 2 cs de vinaigre de vin rouge. Faire mijoter environ 5 minutes, assaisonner. Laisser refroidir à couvert, dans un saladier.

**Tomates séchées** préchauffer le four à 140 °C. Badigeonner une plaque à gâteau à l'huile d'olive, parsemer la surface de feuilles fraîches de thym, de sel et de poivre du moulin. Y déposer 15 tomates cerises coupées en deux, face coupée vers le fond. Les faire sécher durant 30 minutes.

## Sbrinz Shortbread

**60 g white flour**
**1 egg yolk, salt**
**45 g cold butter**
**60 g grated Sbrinz**
**1 tsp chopped black olives**

**1** Put flour into a bowl and form a hollow, add additional ingredients, knead into a smooth dough.

**2** Roll out to 5 mm thickness on a floured surface, cut out 30 circles, a diameter of 3 cm, place onto baking tray, remove and cool on baking rack for 30 minutes.

**3** Bake Sbrinz Shortbread for 10 minutes at 180 °C in the preheated oven.

**4** If desired, top Sbrinz shortbread with thin layers of Feta, pickled onions, stewed tomatoes.

**For pickled onions** cut 2 medium sized onions into fine slices. Finely cube 50 g of peeled ginger. Heat 4 tbsp of sugar and 2 tbsp of water, thicken on medium heat to a dark caramel, add onions, ginger, 10 crushed coriander seeds and 2 tbsp of red wine vinegar, cook on medium heat for 5 minutes, season with salt, black pepper and cayenne pepper. Cool in a covered bowl.

**For stewed tomatoes** Preheat oven at 140 °C. Brush a baking tray with olive oil, sprinkle with fresh thyme leaves, sprinkle with salt and pepper. Place 15 halved cherry tomatoes onto the tray with the cut surface facing down, braise for 30 minutes.

## Dreierlei Häppchen

*Tilsiter-Häppchen*

**50 g Tilsiter, in Stäbchen**
**4 EL gehackte Baum-/Walnüsse**
**1 TL grobkörniger Senf**
**½ Scheibe Pumpernickel**
**2 TL Magerquark**
**Cayennepfeffer, Kräutersalz**
**Sprossen**

Nüsse, Senf, Pumpernickelwürfelchen und Quark mischen, würzen. Auf Löffel verteilen, Tilsiterstäbchen darauf legen, mit Sprossen garnieren.

*Appenzeller-Häppchen*

**50 g Appenzeller, in 3 mm dicken Scheiben**
**4 Scheiben Mostbröckli/Bündner Fleisch, in Streifchen**
**1 EL Apfelwürfelchen**
**Schnittlauchröllchen**
**½ EL Kürbiskernöl**

Aus dem Appenzeller Käse 8 Herzchen ausstechen. Mostbröckli, Äpfel, Schnittlauch und Kürbiskernöl mischen, mit Pfeffer abschmecken. Anrichten. Käseherzchen darauf legen.

*Sbrinz-Häppchen*

**100 g 3-jähriger gebrochener Sbrinz**
**1 Eiweiß**
**1 TL Wasabipaste, wenig Salz**
**50 g Kürbiskerne**

Backofen auf 150 °C vorheizen. Eiweiß und Wasabipaste mit dem Schneebesen leicht aufschlagen. Kürbiskerne zufügen, gut mischen, mit Salz würzen, Kerne 15 Minuten backen. Mit dem Sbrinz servieren.

## Trio de mise en bouche

*Mise en bouche au tilsit*

**50 g de tilsit coupé en bâtonnets**
**4 cs de cerneaux de noix hachés**
**1 cc de moutarde à l'ancienne**
**½ tranche de pumpernickel**
**2 cc de séré/fromage blanc maigre**
**poivre de Cayenne, sel**
**graines germées**

Mélanger les cerneaux de noix, la moutarde, les cubes de pumpernickel et le séré/fromage blanc. Répartir la masse sur les cuillers, décorer avec bâtonnets de tilsit et les germes.

*Mise en bouche à l'appenzell*

**50 g d'appenzell en tranches de 3 mm d'épaisseur**
**4 tranches de viande séchée à l'air**
**1 cs de petits dés de pomme**
**ciboulette ciselée**
**½ cs d'huile de courge**

Avec un emporte-pièce, couper 8 cœurs dans les tranches de fromage. Mélanger la viande séchée, la pomme, la ciboulette et l'huile de graines de courge. Poivrer, puis disposer sur une assiette, décorer avec les cœurs d'appenzell.

*Mise en bouche au sbrinz*

**100 g de sbrinz de 3 ans d'âge, effrité; 1 blanc d'œuf**
**1 cc de pâte wasabi, sel**
**50 g de graines de courge**

Battre légèrement au fouet le blanc d'œuf et la pâte wasabi. Ajouter les graines de courge, bien mélanger et saler. Faire griller 15 minutes au four préchauffé à 150 °C. Servir avec le sbrinz.

## Three different titbits

*Tilsiter Titbits*

**50 g Tilsiter, in sticks**
**4 tbsp chopped walnuts**
**1 tsp coarse seeded mustard**
**½ slice of Pumpernickel**
**2 tsp low fat curd cheese**
**cayenne pepper, herbal salt**
**bean sprouts**

Mix nuts, mustard, cubed Pumpernickel and curd cheese, season. Divide onto spoons, place Tilsiter sticks on top, garnish with sprouts.

*Appenzeller Titbits*

**50 g Appenzeller, in 3 mm thick slices**
**4 slices of smoked raw beef (Mostbröckli, Bündner Fleisch)**
**1 tbsp finely cubed apple**
**chives, chopped**
**½ tbsp pumpkinseed oil**

Cut 8 heart shapes out of the Appenzeller cheese. Mix beef, apple, chives and pumpkinseed oil, season with pepper. Serve. Place cheese hearts on top.

*Sbrinz Titbits*

**100 g 3 year old broken up Sbrinz**
**1 egg white**
**1 tsp Wasabi paste, salt**
**50 g pumpkinseeds**

Preheat oven to 150 °C. Lightly whisk egg white and Wasabi paste. Add pumpkinseeds, mix well, season with salt. Bake seeds in oven for 15 minutes. Serve with the Sbrinz.

## Spiralbrotstängel mit Tête de Moine

**150 g Ruchbrotteig vom Bäcker**
**1 Zweig Rosmarin**
**50 g geriebener Tête de Moine**
**4 Dörrtomaten, fein gehackt**
**2 Msp Cayennepfeffer**
**1 Prise Muskatnuss**

**1** Rosmarinnadeln abstreifen und fein hacken, Tête de Moine und Dörrtomaten zufügen, mit Pfeffer und Muskat abschmecken.

**2** Den Backofen auf 200 °C vorheizen.

**3** Brotteig zu einem Rechteck von 15 cm x 20 cm ausrollen. Käse-Tomaten-Mischung darauf verteilen. Teig längs falten, mit dem Teigholz in Längsrichtung leicht rollen, damit sich die Teigblätter verbinden. Mit einem gut schneidenden Messer 5 mm breite Streifen schneiden, Spiralen drehen, Enden gut zusammen drücken. Auf ein mit Backpapier belegtes Blech legen.

**4** Spiralbrotstängel bei 200 °C 15 Minuten backen.

## Bâtons en spirale avec tête de moine

**150 g de pâte bise**
**1 branche de romarin**
**50 g de tête de moine râpée**
**4 tomates séchées finement hachées**
**2 pc de poivre de Cayenne**
**1 pc de muscade en poudre**

**1** Hacher finement les aiguilles de romarin, mélanger avec tête de moine râpée et tomates hachées, assaissoner.

**2** Préchauffer le four à 200 °C.

**3** Abaisser la pâte en rectangle de 15 x 20 cm. Répartir le mélange de tomates et de fromage sur la surface. Plier la pâte dans le sens de la longueur et l'étendre rouler légèrement avec le rouleau à pâte dans le sens de la longueur, afin que les deux parties de pâte s'unissent. Avec un bon couteau, découper des bandes de 5 mm de largeur et les tourner en spirale. Presser les deux bouts, déposer les spirales sur une plaque recouverte de papier sulfurisé.

**4** Faire cuire les spirales environ 15 minutes à 200 °C.

## Spiral Breadsticks with Tête de Moine

**150 g cereal dough from the bakers**
**1 twig of rosemary**
**50 g grated Tête de Moine**
**4 dried tomatoes, finely chopped**
**2 pinches of cayenne pepper**
**1 pinch of nutmeg**

**1** Remove rosemary needles from stem and finely chop, mix with Tête de Moine, tomatoes, season.

**2** Preheat oven to 200 °C.

**3** Roll out bread dough to a rectangle of 15 cm x 20 cm. Spread cheese-tomato-mixture on top. Fold dough length wise, lightly roll dough in line with the rolling pin so that the 2 dough layers join. Cut 5 mm thick strips with a sharp knife, twist into spirals, press the ends together. Place onto a baking tray lined with baking paper.

**4** Bake spiral breadsticks for 15 minutes at 200 °C.

## Gruyère-Ringe mit Sprossen

*für 15 Stück*

**1½ dl/150 ml Milch**
**1 Msp Salz**
**60 g Butter**
**90 g Mehl**
**2 Eier**
**100 g geriebener höhlengereifter Gruyère**

**Sprossen**
**1 Bund Radieschen, in Scheiben**

**1** Für den Brandteig Milch, Salz und Butter aufkochen, Mehl im Sturz zufügen, den Teig auf der ausgeschalteten Wärmequelle mit einem Holzlöffel schlagen, bis er sich vom Pfannenboden löst. Etwas abkühlen lassen, dann beide Eier einzeln unterschlagen, bis der Teig glänzt, aber immer noch klebrig ist.

**2** Den Backofen auf 180 °C vorheizen. Blech mit Backpapier belegen.

**3** Die Hälfte des Gruyère unter den Brandteig rühren. Teig in einen Spritzbeutel mit Sterntülle füllen, Ringe von 5 cm Durchmesser auf das Blech spritzen, den restlichen Käse darüber streuen. Bei 180 °C 30 Minuten backen.

**4** Leicht ausgekühlte Ringe durchschneiden, mit Sprossen und Radieschenscheiben füllen.

## Rondelles de gruyère aux germes

*pour 15 pièces*

**1½ dl de lait**
**1 pc de sel**
**60 g de beurre**
**90 g de farine**
**2 œufs**
**100 g de gruyère affiné en grotte, râpé**

**germes**
**1 botte de radis roses en tranches**

**1** Pour la pâte à choux, faire frémir ensemble le lait, le sel et le beurre. Arrêter le feu et ajouter d'un coup la farine et travailler la pâte avec une cuiller en bois jusqu'à ce qu'elle se détache du fond de la casserole. Laisser refroidir un peu, puis incorporer les œufs un à un en fouettant jusqu'à ce que la pâte soit lisse et forme un ruban épais.

**2** Préchauffer le four à 180 °C. Recouvrir une plaque de papier sulfurisé.

**3** Incorporer la moitié du gruyère râpé à la pâte, verser la pâte dans un sac à douille avec une douille en étoile. Former des rondelles de 5 cm Ø sur la plaque et les saupoudrer du reste de fromage. Faire cuire 30 minutes à 180 °C.

**4** Couper en deux les ronds légèrement refroidis et les fourrer de germes et de tranches de radis.

## Gruyère Rings with Sprouts

*for 15 portions*

**150 ml milk**
**1 pinch of salt**
**60 g butter**
**90 g flour**
**2 eggs**
**100 g grated cave matured Gruyère cheese**

**sprouts**
**1 bunch of radishes, in slices**

**1** For the chou pastry: bring milk, salt and butter to the boil, add flour and beat dough with a wooden spoon on the turned off hot plate, until it leaves the bottom of the pan. Cool slightly, beat in eggs one after the other and beat until the dough shines but is still sticky.

**2** Preheat oven at 180 °C. Line baking tray with baking paper.

**3** Stir half the Gruyère cheese into the chou pastry. Fill dough into a piping bag and pipe onto the tray in rings of 5 cm diameter, sprinkle remaining cheese on top. Bake for 30 minutes on 180 °C.

**4** Cut through slightly cooled rings, fill with sprouts and radish slices.

## Pikante Crostini mit Luzerner Rahmkäse

**12 Baguettescheiben**
**1 Zitronengrasstängel**
**1 kleine Zwiebel, fein gehackt**
**½ rote Chilischote**
**½ gelbe Chilischote**
**½ Bund gehackter Koriander**
**80 g Luzerner Rahmkäse, klein gewürfelt**

**1 EL Olivenöl extra nativ**
**½ EL Sesamöl**

**1** Baguettescheiben im vorgeheizten Backofen bei 230 °C Oberhitze toasten.

**2** Zitronengrasstängel von den äußeren zähen Schichten befreien, Herz in hauchdünne Scheiben schneiden. Chilischoten nach Belieben entkernen und fein hacken (Brunoise). Sämtliche Zutaten vermengen.

**3** Käsemasse auf getoastete Baguettescheiben verteilen, im Ofen bei 230 °C 5 Minuten überbacken. Oliven- mit dem Sesamöl verrühren, über die Crostini träufeln, sofort servieren.

## Crostini piquants au fromage de Lucerne

**12 tranches de baguette**
**1 tige de citronnelle**
**1 petit oignon haché fin**
**½ piment jaune**
**½ piment rouge**
**½ bouquet de coriandre hachée**
**80 g de fromage de Lucerne à la crème, en petits dés**

**1 cs d'huile d'olive vierge extra**
**½ cs d'huile de sésame**

**1** Faire griller les tranches de pain dans le four à 230 °C chaleur du haut.

**2** Retirer les couches extérieures dures de la citronnelle et couper la tige en très fines tranches. Hacher les piments, égrainés selon goût, en brunoise. Mélanger tous les ingrédients.

**3** Répartir la masse sur les tranches de pain grillées et les faire gratiner 5 minutes dans le four à 230 °C. Mélanger l'huile d'olive et de sésame, et en asperger les crostini. Servir immédiatement.

## Spicy Crostini with Lucerne Cream Cheese

**12 slices of baguette**
**1 stick of lemon grass**
**1 small onion, finely chopped**
**½ red chilli**
**½ yellow chilli**
**½ bunch coriander, chopped**
**80 g Lucerne Cream Cheese, finely cubed**

**1 tbsp extra virgin olive oil**
**½ tbsp sesame oil**

**1** Toast baguette slices in preheated oven at 230 °C top heat.

**2** Remove tough outer layers of lemon grass stick, cut centre in very thin slices. If desired remove seeds from chilli and finely chop (Brunoise). Mix all ingredients together.

**3** Spread cheese mixture onto toasted baguette slices. Brown in oven at 230 °C for 5 minutes. Mix olive and sesame oil and sprinkle over Crostini, serve immediately.

## Pikante Mürbeteigtörtchen

*Geriebener Teig für 20 Stück*
120 g Weißmehl/Mehltype 405
50 g kalte Butterstückchen
1 Eigelb
1 Prise Salz
1 TL Essig
1–2 EL Wasser
wenig Muskatnuss
Linsen zum Blindbacken

*Füllung mit Emmentaler*
3 EL Cottage Cheese/Hüttenkäse
2 EL geröstete, gehackte Pinienkerne
1 EL gehackte Petersilie
1 Prise Cayennepfeffer
50 g Emmentaler Käse, in feinen Dreiecken
Paprika zum Bestäuben

*Füllung mit Appenzeller*
50 g fein geschnittener Appenzeller Käse
3 Cherrytomaten, klein gewürfelt
1 Schalotte, fein gehackt
1 EL Sonnenblumenöl
1 TL Estragonessig
1 TL grobkörniger Senf
3–4 EL Schnittlauchröllchen
schwarzer Pfeffer
Kerbel für die Garnitur

*Füllung mit Tête de Moine*
½ Avocado
1–2 EL Limettensaft
1 Msp Chilipulver
1 EL gehackter Koriander
½ rote Chilischote, entkernt, fein gehackt
6 kleine Tête de Moine-Rosetten

## Tartelettes piquantes

*pâte sablée pour 20 pièces*
120 g de farine blanche
50 g de flocons de beurre froid
1 jaune d'œuf
1 pc de sel
1 cc de vinaigre
1 à 2 cs d'eau
un peu de muscade râpée
lentilles pour la cuisson à blanc

*farce à l'emmental*
3 cs de cottage cheese
2 cs de pignons de pin grillés
1 cs de persil haché
1 pc de poivre de Cayenne
50 g d'emmental en petits triangles
paprika pour saupoudrer

*farce à l'appenzell*
50 g de fines tranches d'appenzell
3 tomates cerises en petits dés
1 échalote hachée fin
1 cs d'huile de tournesol
1 cc de vinaigre à l'estragon
1 cc de moutarde à l'ancienne
3 à 4 cs de ciboulette ciselée
poivre noir du moulin
cerfeuil pour décorer

*farce à la tête de moine*
½ avocat
1 à 2 cs de jus de limes
1 pc de piment en poudre
1 cs de coriandre hachée
½ piment rouge, égrainé, haché fin
6 petites rosettes de tête de moine

## Spicy Short Crust Tarts

*Short crust pastry for 20 portions*
120 g white flour
50 g cold butter pieces
1 egg yolk
1 pinch of salt
1 tsp vinegar
1–2 tbsp water
a little nutmeg
Lentils to pre-bake

*Emmentaler Cheese Filling*
3 tbsp cottage cheese
2 tbsp roasted, chopped pine kernels
1 tbsp chopped parsley
1 pinch of cayenne pepper
50 g Emmentaler cheese, in thin triangles
paprika to sprinkle

*Appenzeller Cheese Filling*
50 g finely cut Appenzeller cheese
3 cherry tomatoes, finely cubed
1 shallot, finely chopped
1 tbsp sunflower oil
1 tsp tarragon vinegar
1 tsp coarse seeded mustard
3–4 tbsp chives, chopped
black pepper
chervil for garnishing

*Tête de Moine Filling*
½ avocado
1–2 tbsp lime juice
1 pinch of chilli powder
1 tbsp chopped coriander
½ red chilli, seeds removed, finely chopped
6 small Tête de Moine rosettes

Fortsetzung von Seite 38

**1** Für den Mürbeteig das Mehl in eine Schüssel geben und eine Vertiefung formen. Butter auf den Mehlrand verteilen. Eigelb, Salz, Essig, Wasser und Muskat in die Vertiefung geben, alles zu einem glatten Teig kneten. In Klarsichtfolie einwickeln, mindestens 1 Stunde kühl stellen.

**2** Die Förmchen mit Butter einfetten. Mürbeteig 2 mm dick ausrollen und in die Förmchen legen. Mit Linsen füllen. Im vorgeheizten Backofen bei 180 °C 10 Minuten blind backen. Linsen entfernen. Auskühlen lassen.

**3** Für die Füllung mit Emmentaler Hüttenkäse, Pinienkerne und Petersilie vermengen, mit Pfeffer würzen, in die Mürbeteigböden füllen, Emmentaler-Dreiecke darauf legen, mit Paprikapulver bestäuben.

**4** Für die Füllung mit Appenzeller Käse sämtliche Zutaten mischen, abschmecken mit Pfeffer, in die Mürbeteigböden füllen. Mit Kerbel garnieren.

**5** Für die Füllung mit Tête de Moine Avocadofleisch aus der Schale lösen, mit einer Gabel fein zerdrücken, mit Limettensaft, Chili, Koriander sowie Chilischoten würzen, in die Mürbeteigböden füllen, mit den Käserosetten garnieren.

suite de la page 38

**1** Pour la pâte sablée, verser la farine dans un saladier et former la fontaine. Répartir le beurre sur les bords et placer le reste des ingrédients dans la fontaine et assembler le tout pour former une pâte homogène. Envelopper la pâte dans du film alimentaire, laisser reposer enviroon 1 heure au réfrigérateur.

**2** Graisser les moules à tartelettes. Abaisser la pâte à 2 mm d'épaisseur et la déposer dans les moules. Recouvrir le fond de lentilles et faire cuire à blanc dans le four préchauffé, 10 minutes à 180 °C. Eliminer les lentilles et laisser refroidir.

**3** Pour la farce à l'emmental, mélanger le cottage cheese, les pignons de pin, le persil et le poivre de Cayenne. En garnir les tartelettes, recouvrir la farce de triangles d'emmental et saupoudrer de paprika.

**4** Pour la farce à l'appenzell, mélanger les ingrédients, rectifier l'assaisonnement, verser la farce sur les tartelettes, décorer avec le cerfeuil.

**5** Pour la farce à la tête de moine, retirer l'écorce de l'avocat, écraser la chair. Ajouter jus de lime, piment, coriandre et piment hachés, en garnir les tartelettes et décorer avec les rosettes de tête de moine.

continued from page 38

**1** For the short crust pastry put flour in a bowl, make a hollow. Rub in butter on the edge of the flour border. Add egg yolk, salt, vinegar, water and nutmeg into the hollow, knead everything together into a smooth pastry. Wrap in transparent film, cool for at least 1 hour.

**2** Grease tins with butter. Roll out short crust pastry to 2 mm thick and place in tins. Fill with lentils. Pre-cook in preheated oven at 180 °C for 10 minutes. Remove lentils. Cool.

**3** For the Emmentaler filling mix together cottage cheese, pine kernels and parsley, season with cayenne pepper, spread into the short crust bases, cover with Emmentaler triangles, sprinkle with paprika.

**4** For the Appenzeller filling mix all ingredients, season with pepper, spread into the short crust bases. Garnish with chervil.

**5** For the Tête de Moine filling remove avocado flesh from its shell, finely mash with a fork, season with lime juice, chilli powder, coriander and chilli, spread into the short crust bases, garnish with Tête de Moine rosettes.

# Kalte und warme Einsteiger

## Entrées froides et chaudes

## Cold and warm starters

## Pikante Feigen mit Tête de Moine

**8 reife Feigen**
**1 EL zerstoßene Senfkörner**
**2 EL Pinienkerne**
**2 EL Nussöl**
**1 EL Himbeer- oder Cassisessig**
**Salz**
**schwarzer Pfeffer**

**4 Tête-de-Moine-Rosetten**

**1** Bei den Feigen Stielansatz entfernen, je nach Größe vierteln oder achteln.

**2** Senfkörner mit den Pinienkernen in einer Bratpfanne trocken rösten.

**3** Nussöl mit dem Essig glatt rühren, mit Salz und Pfeffer würzen.

**4** Feigen auf Teller verteilen, mit dem noch warmen Röst-Mix bestreuen und der Vinaigrette beträufeln. Die Tête-de-Moine-Rosetten zerpflücken, zwischen die Feigen legen.

**Tipp** Die Feigen mit einer Rosmarin-Focaccia servieren.

## Figues relevées avec tête de moine

**8 figues mûres**
**1 cs de graines de moutarde concassées**
**2 cs de pignons de pin**
**2 cs d'huile de noix**
**1 cs de vinaigre de framboise ou de cassis**
**sel**
**poivre noir**

**4 rosettes de tête de moine**

**1** Etirer les tiges des figues et, selon la grandeur, couper les fruits en 4 ou en 8.

**2** Dans une poêle, faire rôtir les graines de moutarde et les pignons de pin, sans graisse.

**3** Mélanger l'huile de noix et le vinaigre. Saler et poivrer.

**4** Répartir les figues sur les assiettes, les parsemer du mélange grillé encore chaud. Asperger de vinaigrette. Emietter les rosettes de tête de moine, les déposer entre les tranches de figue.

**Conseil** Servir les figues avec une fougasse au romarin.

## Spicy Figs with Tête de Moine

**8 ripe figs**
**1 tbsp mustard seeds, crushed**
**2 tbsp pine kernels**
**2 tbsp walnut oil**
**1 tbsp raspberry or blackcurrant vinegar**
**salt**
**black pepper**

**4 Tête de Moine rosettes**

**1** Remove stem from figs, cut in quarters or eighths depending on size.

**2** Dry-roast mustard seeds and pine kernels in roasting pan.

**3** Mix walnut oil with vinegar, season with salt and pepper.

**4** Place figs on plates and sprinkle them with warm roasted mix and vinaigrette. Take apart Tête de Moine rosettes, lay them between the figs.

**Tip** Serve the spicy figs with rosemary Focaccia.

## Luzerner Rahmkäse-salat mit Chorizo

**100 g Luzerner Rahmkäse, in feinen Stäbchen**
**50 g Chorizo, klein gewürfelt**
**2 Orangen**
**2 EL Olivenöl extra nativ**
**½ rote Peperoni/Paprikaschote**
**1 Hand voll Sonnenblumen-sprossen**

**1** Peperoni entkernen, mit dem Sparschäler schälen, in kleine Würfel schneiden.

**2** Eine Orange großzügig schälen und die Fruchtfilets aus den Trennhäutchen lösen. Zweite Orange auspressen, den Saft sirupartig einkochen, mit dem Olivenöl aufmixen, Peperoniwürfelchen und Orangenfilets zufügen, kurz köcheln lassen.

**3** Käse und Chorizo mischen, anrichten, noch lauwarme Sauce darüber verteilen, mit Sonnenblumensprossen garnieren.

**Tipp** Mit Grissini servieren.

## Salade de fromage lucernois avec chorizo

**100 g de fromage lucernois à la crème**
**50 g de chorizo, coupé en petits dés**
**2 oranges**
**2 cs d'huile d'olive vierge extra**
**½ poivron rouge**
**1 poignée de germes de tournesol**

**1** Retirer la tige et les graines du poivron, le peler avec le couteau économique. Couper le fruit en petits cubes.

**2** Peler une orange, la débiter en filets. Presser le jus de la deuxième orange, le faire réduire en liquide sirupeux. Le mixer avec l'huile d'olive. Ajouter le poivron et les filets d'orange et faire cuire brièvement.

**3** Mélanger le fromage et le chorizo, disposer sur les assiettes et asperger de sauce encore tiède. Décorer de germes de tournesol.

**Conseil** Servir avec des grissinis.

## Lucerne Cream Cheese Salad with Chorizo

**100 g Lucerne Cream cheese, in fine sticks**
**50 g Chorizo, finely cubed**
**2 oranges**
**2 tbsp extra virgin olive oil**
**½ red capsicum**
**1 hand-full sunflower seed sprouts**

**1** Remove capsicum seeds, peel with swivel-bladed peeler and cut into small cubes.

**2** Peel one orange, remove skin from fruit filets. Squeeze second orange, cook juice until syrup-like, mix with olive oil, add capsicum cubes and orange filets, simmer briefly.

**3** Mix cheese and Chorizo, serve and distribute lukewarm sauce on top, garnish with sunflower seed sprouts.

**Tip** Serve with Grissini.

## Sbrinz-Tuiles mit Tomaten-Kräuter-Füllung

*für 12 Sbrinz-Tuiles*
**200 g 2-jähriger Sbrinz**
**40 g Sonnenblumenkerne**

*Fülllung*
**1 Bund Schnittlauch**
**1 Bund Kerbel**
**½ Bund Dill**
**1 Hand voll Rucola**
**12 Cherrytomaten**
**1 EL Sherryessig**
**2 EL Baumnuss-/Walnussöl**
**Kräutersalz**
**schwarzer Pfeffer**
**Kerbel**

**1** Sbrinz auf der Bircher-Rohkostreibe reiben. Sonnenblumenkerne trocken rösten, grob hacken, auskühlen lassen, mit Sbrinz mischen. Bratpfanne bei mittlerer Temperatur aufheizen. Runden Ausstecher von 8 cm Ø in Pfanne legen, mit der Sbrinzmischung dünn ausstreuen, Ausstecher entfernen, Tuiles je Seite 45 Sekunden braten. Auskühlen lassen.

**2** Schnittlauch in 1 cm lange Stücke schneiden, Kerbel, Dill und Rucola von den Stielen zupfen, mischen. Cherrytomaten vierteln, entkernen, nochmals halbieren.

**3** Sherryessig und Nussöl glatt rühren, würzen.

**4** Je ein Sbrinz-Tuile auf vier Teller legen, mit Kräutern und Tomaten belegen, Vinaigrette darüber träufeln, wiederholen, mit Sbrinz-Tuile abschließen. Mit Kerbel garnieren.

## Tuiles de sbrinz farcies aux tomates aux fines herbes

*pour 12 tuiles de sbrinz*
**200 g de sbrinz de 2 ans d'âge**
**40 g de graines de tournesol**

*farce*
**1 botte de ciboulette**
**1 bouquet de cerfeuil**
**½ bouquet d'aneth**
**1 poignée de roquette**
**12 tomates cerises**
**1 cs de vinaigre de sherry**
**2 cs d'huile de noix**
**sel, poivre noir, cerfeuil**

**1** Râper le sbrinz à la râpe Bircher. Faire rôtir les graines de tournesol dans une poêle, les hacher grossièrement, les laisser refroidir et mélanger au sbrinz. Faire chauffer une poêle à température moyenne. Déposer un emporte-pièce rond de 8 cm Ø au milieu de la poêle, y répandre une fine couche de mélange de sbrinz. Retirer l'emporte-pièce, faire rôtir les tuiles 45 secondes de chaque côté. Laisser refroidir.

**2** Couper la ciboulette en tronçons de 1 cm de longueur. Puis effeuiller le cerfeuil, l'aneth et la roquette et les mélanger à la ciboulette. Couper les tomates en huit et éliminer les graines.

**3** Mélanger le vinaigre sherry et l'huile de noix. Saler et poivrer.

**4** Déposer une tuile de sbrinz sur une assiette et la recouvrir de fines herbes et de tomates, l'asperger de vinaigrette. Répéter cette opération, terminer par une tuile.

## Sbrinz-Tiles with Tomato Herb Filling

*for 12 Sbrinz-tiles*
**200 g 2 year old Sbrinz**
**40 g sunflower seeds**

*Filling*
**1 bunch of chives**
**1 bunch of chervil**
**½ bunch of dill**
**1 hand-full of Rucola**
**12 cherry tomatoes**
**1 tbsp sherry vinegar**
**2 tbsp walnut oil**
**herbal salt, black pepper**
**chervil**

**1** Grate Sbrinz cheese. Dry roast sunflower seeds in roasting pan, chop coarsely, cool down, mix with Sbrinz. Heat roasting pan on medium heat. Place a round cutter of 8 cm diameter in pan, thinly sprinkle with Sbrinz mixture, remove cutter, fry both side of tile for 45 seconds. Leave to cool.

**2** Cut chives into 1 cm long pieces, pluck chervil, dill and rucola from stem and mix. Quarter cherry tomatoes and remove seeds, halve quarters.

**3** Mix sherry vinegar with the walnut oil, season with herbal salt and pepper.

**4** Place one Sbrinz tile on a plate, spread with herbs and tomatoes, sprinkle with vinaigrette, repeat procedure, finishing off with a Sbrinz tile. Garnish with chervil.

## Steinpilzsalat mit Gruyère

**1 EL Bratbutter/Butterschmalz**
**200 g Steinpilze**
**Kräutersalz**
**schwarzer Pfeffer**
**1 Bund glattblättrige Petersilie**
**1 Hand voll Rotkohlsprossen und Winterkresse**
**120 g höhlengereifter Gruyère, in Stäbchen**
**2 EL Olivenöl extra nativ**
**2 dl/200 ml Aceto Balsamico**

**1** Aceto Balsamico in kleiner Pfanne bei mittlerer Hitze auf 2 EL einkochen, in einer Kaffeetasse abkühlen lassen.

**2** Die Steinpilze mit einem trockenem Tuch säubern, die Stiele klein würfeln, die Hüte blättrig schneiden. Die Bratbutter in einer flachen Pfanne erhitzen, Steinpilze darin dünsten, würzen.

**3** Petersilie von den Stielen zupfen.

**4** Pilze, Gruyère, Petersilie und Sprossen mischen, anrichten, mit Olivenöl und dem reduzierten Aceto Balsamico beträufeln.

## Salade de bolets au gruyère

**1 cs de beurre à frire**
**200 g de bolets**
**sel aromatisé**
**poivre noir**
**1 bouquet de persil plat**
**1 poignée de germes de choux rouges et de cresson d'hiver**
**120 g de gruyère affiné en grotte, coupé en bâtonnets**
**2 cs d'huile d'olive vierge extra**
**2 dl de vinaigre balsamique**

**1** A feu moyen, faire réduire à 2 cs le vinaigre balsamique dans une petite casserole. Laisser refroidir dans une tasse.

**2** Nettoyer les bolets avec un linge sec, couper les pieds en petits cubes, les chapeaux en lamelles. Faire chauffer le beurre à frire dans une poêle et y faire revenir les bolets. Saler et poivrer.

**3** Effeuiller le persil.

**4** Mélanger bolets, gruyère, persil et germes. Disposer sur les assiettes et arroser de vinaigre balsamique et d'huile d'olive.

## Mushroom Salad with Gruyère Cheese

**1 tbsp clarified butter**
**200 g mushrooms (bolegus)**
**herbal salt**
**black pepper**
**1 bunch of flat leaf parsley**
**1 hand-full red-cabbage sprouts and winter cress**
**120 g cave matured Gruyère cheese, in sticks**
**2 tbsp extra virgin olive oil**
**200 ml Aceto Balsamico**

**1** Reduce Aceto Balsamico in a small pan on medium heat to 2 table spoons, cool down in coffee cup.

**2** Clean mushrooms with dry towel, finely cube stalks, thinly slice tops. Heat up clarified butter in flat pan and steam mushrooms, season with herbal salt and pepper.

**3** Pluck parsley from stalks.

**4** Mix mushrooms, Gruyère cheese, parsley and sprouts. Serve, sprinkle with olive oil and reduced Aceto Balsamico.

## Marinierter Tilsiter mit Peperoni

**200 g Tilsiter «Surchoix»**
**2 EL kalt gepresstes Sonnenblumenöl**
**1 TL Paprika**
**½ TL Muskat**
**1 Prise Cayennepfeffer**
**wenig Zitronenschale**
**1 Zweig Zitronenthymian, abgezupfte Blättchen**

**2 rote Peperoni/Paprikaschoten**
**Salz**
**schwarzer Pfeffer**
**1 Bund junge Zwiebeln, gehackt**
**4 EL Olivenöl extra nativ**
**4 Knoblauchzehen, in Scheiben**
**8 Basilikumblätter**

**1** Tilsiter in kleine Würfel schneiden, mit Sonnenblumenöl, Gewürzen und Kräutern bei Zimmertemperatur etwa 1 Stunde marnieren.

**2** Peperoni halbieren, den Stielansatz und die Kerne entfernen, mit Hautseite oben auf ein Blech legen, im vorgeheizten Ofen bei 250 °C grillen, bis die Haut Blasen wirft. Mit einem feuchten Tuch bedecken, nach Erkalten schälen. In Quadrate schneiden, mit Zwiebeln mischen, mit Salz und Pfeffer würzen.

**3** Die Knoblauchscheiben im Olivenöl goldgelb braten, ein Teil der Basilikumblättchen kurz mitbraten.

**4** Peperoni und Käse mischen, in Gläser füllen, mit Knoblauchgemisch und restlichem Basilikum garnieren.

## Tilsit mariné aux poivrons

**200 g de tilsit «surchoix»**
**2 cs d'huile de tournesol pressée à froid**
**1 cc de paprika**
**½ cc noix de muscade râpée**
**1 pc poivre de Cayenne**
**un peu de zeste de citron râpé**
**1 branche de thym effeuillé**

**2 poivrons rouges**
**sel, poivre noir**
**1 botte d'oignons de printemps hachés**
**4 cs d'huile d'olive vierge extra**
**4 gousses d'ail en lamelles**
**8 feuilles de basilic**

**1** Couper le tilsit en petits cubes et le faire mariner 1 heure à température ambiante dans l'huile de tournesol, les épices et les fines herbes.

**2** Retirer la tige et les graines des poivrons. Les déposer sur une plaque, côté peau vers le haut et les faire griller dans le four préchauffé, à 250 °C, jusqu'à ce que la peau forme des cloques. Les recouvrir d'un linge humide et les peler après refroidissement. Couper les poivrons en carrelets, les mélanger avec les oignons. Saler et poivrer.

**3** Dorer les lamelles d'ail dans l'huile d'olive, ajouter la moitié des feuilles de basilic et les saisir brièvement.

**4** Mélanger les poivrons et le fromage, répartir dans des coupes en verre et décorer avec le mélange d'ail et le reste de basilic.

## Marinated Tilsiter with Capsicum

**200 g Tilsiter «Surchoix»**
**2 tbsp cold pressed sunflower oil**
**1 tsp paprika**
**½ tsp nutmeg**
**1 pinch of cayenne pepper**
**lemon peel**
**1 twigbranch of lemon thyme, plucked leaves**

**2 red capsicums**
**salt**
**black pepper**
**1 bunch of spring onions, chopped**
**4 tbsp extra virgin olive oil**
**4 garlic cloves, sliced**
**8 basil leaves**

**1** Cube Tilsiter, marinate for 1 hour at room temperature with sunflower oil, herbs and spices.

**2** Halve capsicum, remove stem and seeds, place on oven tray with skin facing upwards, grill in preheated oven at 250 °C until skin forms blisters. Cover with a damp towel, peel once cooled. Cut into squares, mix them with onions, season with salt and pepper.

**3** Fry garlic slices in olive oil until golden brown, briefly add half of basil leaves and fry.

**4** Mix capsicums and cheese, fill into sterilised jars, garnish with garlic mixture and remaining basil.

## Quesadillas mit Luzerner Rahmkäse

**8 Weizentortillas (1 Paket)**

**1 dl/100 ml pürierte Pelati**
**1 TL Chilipulver**
**1 EL Olivenöl extra nativ**
**1 TL Tomatenpüree**
**150 g grob geriebener Luzerner Rahmkäse**

*Bunter Peperonisalat*
**je 1 grüne, gelbe und rote Peperoni/Paprikaschote**
**1 rote Zwiebel**
**80 g Maiskörner**
**2 EL Olivenöl extra nativ**
**1 EL Rotweinessig**
**Kräutersalz, schwarzer Pfeffer**
**1 TL Akazienhonig**
**Salz**

**1** Für den Salat die Peperoni halbieren, Stielansatz sowie Kerne entfernen, in Streifen schneiden. Alle Zutaten mischen. 1 Stunde marinieren.

**2** Tortillas in einer beschichteten Bratpfanne bei starker Hitze auf einer Seite leicht Farbe annehmen lassen.

**3** Pürierte Tomaten, Chilipulver, Olivenöl und Tomatenpüree glatt rühren. Die Hälfte der Tortillas auf der gebratenen Seite mit Tomatensauce bestreichen, gleichmäßig mit dem Käse bestreuen, restliche Tortillas, gebratene Seite unten, darauf legen.

**4** Gefüllte Tortillas in der Bratpfanne bei mittlerer Hitze beidseitig braten. Achteln.

## Quesadillas au fromage à la crème lucernois

**8 tortillas à la pâte de blé (1 paquet)**

**1 dl de purée de tomates**
**1 cc de piment en poudre**
**1 cs d'huile d'olive vierge extra**
**1 cc de concentré de tomates**
**150 g de fromage de Lucerne à la crème, grossièrement râpé**

*Salade de poivrons*
**1 poivrons vert, jaune, rouge**
**1 oignon rouge**
**80 g de grains de maïs**
**2 cs d'huile d'olive vierge extra**
**1 cs de vinaigre de vin rouge**
**sel marin aromatisé, poivre noir**
**1 cc de miel d'acacia**
**sel**

**1** Pour la salade, retirer la tige et les graines des poivrons, couper les fruits en lanières. Mélanger tous les ingrédients, laisser mariner 1 heure.

**2** Faire prendre de la couleur aux tortillas d'un côté, dans une poêle anti-adhésive à grand feu.

**3** Mélanger purée de tomates, le piment en poudre, l'huile d'olive et le concentré de tomate. Recouvrir la face grillée de 4 tortillas de cette farce, parsemer régulièrement de fromage, puis recouvrir d'une autre tortilla, côté grillé sur la farce.

**4** A feu moyen, faire rôtir les tortillas farcies dans la poêle, des deux côtés. Les couper en huit.

## Quesadillas with Cream Cheese from Lucerne

**8 wheat tortillas (1 packet)**

**100 ml mashed Pelati (canned peeled tomatoes)**
**1 tsp chilli powder**
**1 tbsp extra virgin olive oil**
**1 tsp tomato puree**
**150 g coarsely grated Lucerne Cream Cheese**

*Colourful Capsicum Salad*
**1 green, yellow and red capsicum**
**1 red onion**
**80 g sweet corn**
**2 tbsp extra virgin olive oil**
**1 tbsp red wine vinegar**
**herbal salt, black pepper**
**1 tsp acacia honey**
**salt**

**1** For the salad, half all the capsicums, remove stem and seeds, cut into slices. Mix all the ingredients. Marinate for 1 hour or more.

**1** Brown tortillas on one side in frying pan on high.

**3** Mix mashed tomatoes, chilli powder, olive oil and tomato puree until smooth.

**4** Spread half of tortillas on browned side with tomato sauce, sprinkle evenly with, cover with the remaining tortillas brown side facing down, cover.

**5** Fry filled tortillas on medium on both sides. Cut into eighths.

# Gebackener Winzerkäse

*Rotweinreduktion*
½ l **Blauburgunder**
**1 TL Maisstärke**
**4 zerdrückte Pimentkörner**
**2 EL Aceto Balsamico**
**1 Prise Cayennepfeffer**
**1 TL Akazienhonig**

**150 g Winzerkäse, in 1½ cm großen Würfeln**
**4 EL Weißmehl/Mehltype 405**
**1 Freilandei**
**1 Prise geriebene Muskatnuss**
**½ TL Kräutersalz**
**100 g Paniermehl**

**Frittieröl**

**1** Maisstärke mit etwas Rotwein glatt rühren. Restlichen Wein zusammen mit Pimentkörnern und Aceto Balsamico auf 1 dl einkochen. Angerührte Maisstärke unterrühren, mit Cayennepfeffer und Honig verfeinern, in Schüssel umfüllen.

**2** Ei mit Muskatnuss und Kräutersalz aufschlagen.

**3** Käsewürfel im Mehl wenden, überschüssiges Mehl abklopfen, in die Rotweinreduktion tauchen, abtropfen lassen, zuerst im Paniermehl, dann im Ei und wieder im Paniermehl wenden.

**4** Käsewürfel in der Fritteuse im 180 °C heißen Öl knusprig frittieren, auf Küchenpapier gut abropfen lassen.

**Tipp** Mit einem bunten Salat und gebratenem Speck servieren.

# Friture au fromage des vignerons

*réduction de vin rouge*
**½ l de pinot noir**
**1 cc d'amidon de maïs**
**4 graines de poivre de la Jamaïque concassées**
**2 cs de vinaigre balsamique**
**1 pc de poivre de Cayenne**
**1 cc de miel d'acacia**

**150 g de fromage des vignerons, en cubes de 1½ cm**
**4 cs de farine**
**1 œuf**
**1 pc de noix de muscade râpée**
**½ cc de sel aromatisé**
**100 g de chapelure**

**huile à friture**

**1** Délayer l'amidon de maïs dans un peu de vin rouge. Faire réduire à 1 dl le vin, le vinaigre balsamique et le poivre de la Jamaïque. Ajouter l'amidon de maïs délayé, faire frémir 2 minutes, ajouter le miel et le poivre et transvaser dans un saladier.

**2** Battre l'œuf avec la noix de muscade râpée et le sel aromatisé.

**3** Passer les cubes de fromage dans la farine, puis dans le vin et laisser égoutter. Passer dans la chapelure, puis dans l'œuf et dans la chapelure.

**4** Faire frire les cubes de fromage dans la friteuse à 180 °C. Laisser égoutter sur du papier absorbant.

**Conseil** Servir avec une salade mêlée et du lard grillé.

# Fried Wine Maker's Cheese

*Red wine reduction*
**½ l Blue burgundy**
**1 tsp corn flour**
**4 crushed allspice seeds**
**2 tbsp Aceto Balsamico**
**1 pinch Cayenne pepper**
**1 tsp acacia honey**

**150 g wine maker's cheese, cubes of 1½ cm**
**4 tbsp white flour**
**free-range egg**
**1 pinch ground nutmeg**
**½ tsp herbal salt**
**100 g breadcrumbs**

**Oil for frying**

**1** Dilute corn flour in 1 tbsp of red wine. Reduce remaining red wine together with allspice and Aceto Balsamico to 100 ml. Stir in corn flour, flavour with Cayenne pepper and honey, pour into bowl.

**2** Beat egg with nutmeg and herbal salt.

**3** Turn cheese cubes in flour, tap off extra flour, dip in red wine mixture, leave to drain, turn in breadcrumbs, in egg, and again in breadcrumbs.

**4** Fry cheese cubes in deep-fryer at 180 °C until crunchy. Leave to drain on kitchen paper.

**Tip** Serve with a mixed salad and fried bacon.

## Appenzeller im Filoteig

1 TL Butter
100 g Lauch, fein geschnitten
1 Schalotte, fein gehackt
schwarzer Pfeffer
1 EL gehackter Majoran
80 g geriebener Appenzeller Käse extra
40 g Appenzeller Käse, klein gewürfelt
1 Eigelb von einem Freilandei
1 EL grobkörniger Senf

1 Paket Filoteigblätter (9 Blätter)
60 g flüssige Butter

**1** Lauch und Schalotten in der Butter dünsten, mit Pfeffer und Majoran würzen, zugedeckt auskühlen lassen.

**2** Lauchgemisch, geriebenen und gewürfelten Appenzeller, Eigelb und Senf mischen.

**3** Filoteigblatt auf die Arbeitsfläche legen, der Breite nach halbieren, die beiden Hälften mit flüssiger Butter bepinseln und längs 2 Mal falten. 1 Esslöffel Füllung (etwa 20 g) auf das Bandende häufen, so dass die rechte Ecke darüber geschlagen werden kann. Band zu einem Dreieck zusammenfalten. Nochmals mit Butter bestreichen.

**4** Gefüllte Dreiecke im vorgeheizten Ofen bei 180 °C während 15 Minuten goldgelb backen.

**Fortsetzung Seite 58**

## Appenzell en pâte

1 cc de beurre
100 g de poireaux en fines lanières
1 échalote finement hachée
poivre noir du moulin
1 cs de marjolaine hachée
80 g d'appenzell extra râpé
40 g d'appenzell extra en petits cubes
1 jaune d'œuf
1 cs de moutarde à l'ancienne

1 paquet de pâte filo en feuilles (9 feuilles)
60 g de beurre liquide

**1** Faire revenir les poireaux et l'échalote dans le beurre, assaisonner avec poivre et marjolaine, laisser refroidir à couvert.

**2** Mélanger les poireaux avec l'appenzell râpé et en cubes, le jaune d'œuf et la moutarde.

**3** Déposer la feuille de pâte filo sur le plan de travail, la partager dans le sens de la largeur, badigeonner les deux moitiés de beurre liquide et les plier deux fois. Déposer 1 cs de farce (20 g) sur un coin, au bout de la bande, de manière à pouvoir rabattre l'autre coin sur la farce. Plier toute la bande en triangle et badigeonner encore une fois de beurre.

**4** Faire dorer les triangles farcis au four préchauffé, 15 minutes à 180 °C.

**suite à la page 58**

## Appenzeller Cheese in Filo Pastry

1 tsp butter
100 g leek, finely cut
1 shallot, finely chopped
black pepper
1 tbsp chopped marjoram
80 g grated Appenzeller cheese extra
40 g Appenzeller cheese, in small cubes
1 free-range egg yolk
1 tbsp coarse-seeded mustard

1 packet of Filo Pastry (9 sheets)
60 g melted butter

**1** Steam leek and shallot in butter, season with pepper and marjoram. Cover and cool. Mix leek mixture with grated and cubed Appenzeller, egg yolk and mustard.

**2** Place Filo pastry sheet on the working surface, halve width wise, paint both halves using a pastry brush with melted butter, fold twice. Heap one spoonful of filling (about 20 g) in one corner at the end of the strip, so that the right corner can be laid across. Fold the whole strip into a triangle. Again brush with butter.

**3** Bake filled triangles in preheated oven at 180 °C for 15 minutes until golden brown.

**continued page 58**

Fortsetzung von Seite 56

**Jogurt-Pfefferminz-Raita**
1 Becher (180 g) Schafmilchjogurt, ½ entkernte fein gehackte rote Chilischote, 1 Bund fein gehackte Petersilie mischen, mit Kräutersalz abschmecken.

**Filoteig** wird bevorzugt in der griechisch-türkischen Küche verwendet. Er ist so dünn ausgezogen wie ein Strudelteig.

suite de la page 56

**Raita au yoghourt et à la menthe** 1 gobelet (180 g) de yoghourt de brebis, ½ piment rouge égrainé, finement haché, 1 bouquet de persil finement haché, sel.

**Pâte filo** proche de la pâte à strudel. Surtout utilisée dans la cuisine turque et grecque.

continued from page 56

**Yoghurt-Peppermint-Raita**
Mix 1 pot (180 g) of sheep milk yoghurt, ½ seeded finely chopped red chilli and 1 bunch of finely chopped parsley, season with herbal salt.

**Filo Pastry** is similar to strudel dough and is mainly used in Turkish and Greek cooking.

halbiertes Filoteigblatt
moitié de pâte filo
halve Filo pastry sheet

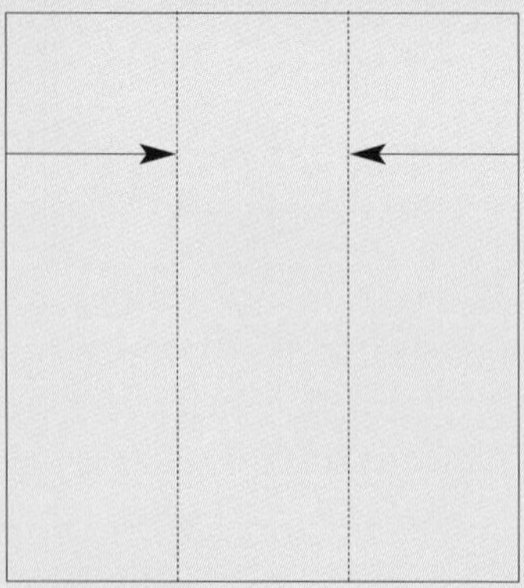

2 Mal gefaltet
pliée deux fois
folded twice

zu einem Dreieck falten
à plier en triangle
fold into triangles

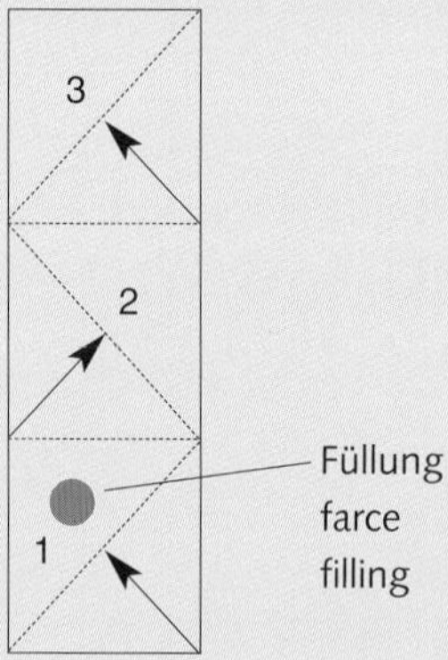

# Vegetarische Hauptgerichte

## Plats principaux végétariens

## Vegetarian Main Courses

## Raclette-Safransüppchen

2 EL Olivenöl extra nativ
400 g kleine Raclettekartoffeln
2 EL Kümmel
Salz
schwarzer Pfeffer

1½ dl/150 ml Rahm/süße Sahne
1 Msp Safranfäden
150 g Raclettekäse
1 Esslöffel zerdrückte
rosa Pfefferkörner
2 EL Schlagrahm/-sahne

Safranfäden für die Garnitur

**1** Kartoffeln längs halbieren. Das Olivenöl in einer Bratpfanne erhitzen, die Kartoffeln mit der Schnittfläche nach unten in die Pfanne legen. Bei mittlerer Temperatur knusprig braten, mit Kümmel, Salz sowie Pfeffer würzen.

**2** Raclettekäse auf der Röstiraffel reiben. Rahm sowie Safranfäden aufkochen, den Raclettekäse unterrühren. Mit rosa Pfeffer würzen, vor dem Servieren mit Schlagrahm verfeinern.

**3** Das Raclettesüppchen in vorgewärmte Teller verteilen, die Kartoffeln dazu anrichten.

## Potage au safran et fromage à raclette

2 cs d'huile d'olive vierge extra
400 g de petites pommes de terre
2 cs de cumin français
sel
poivre noir

1½ dl de crème entière
1 pc de filaments de safran
150 g de fromage à raclette
1 cs de poivre rose concassé
2 cs de crème fouettée

filaments de safran pour décorer

**1** Couper les pommes de terre en deux, dans le sens de la longueur. Faire chauffer l'huile d'olive dans une poêle et y faire rôtir les pommes de terre à feu moyen, du côté coupé. Assaisonner avec sel, poivre et cumin.

**2** Râper grossièrement le fromage. Porter à ébullition la crème et les filaments de safran et incorporer le fromage à raclette. Ajouter le poivre rose. Avant de servir, ajouter la crème fouettée.

**3** Servir le potage dans des assiettes chaudes et les pommes de terre séparément.

## Raclette Saffron Soup

2 tbsp extra virgin olive oil
400 g small Raclette potatoes
2 tbsp cumin
salt
black pepper

150 ml cream
1 pinch of saffron filaments
150 g Raclette cheese
1 tbsp crushed pink peppercorns
2 tbsp whipped cream

saffron filaments for garnishing

**1** Halve potatoes length wise. Heat up olive oil in frying pan, place potatoes in pan with cut surface facing down. Fry on medium heat until crispy, season with cumin, salt and pepper.

**2** Grate the Raclette cheese coarsely. Bring cream and saffron to the boil, stir in the Raclette cheese and season with pink pepper, improve with whipped cream before serving.

**3** Serve Raclette soup together with potatoes in preheated plates.

## Fondue von Gruyère und Tête de Moine

**4 große fest kochende Kartoffeln**

**100 g geriebener höhlengereifter Gruyère**
**100 g geriebener Tête de Moine**
**1 dl/100 ml spritziger Weißwein**
**1 TL Maisstärke**
**1 TL Trüffelöl**
**schwarzer Pfeffer**
**4 dünne Lauchstangen**
**½ dl/50 ml Gemüsebrühe**

**1 kleiner weißer Trüffel, nach Belieben**

**1** Gruyère und Tête de Moine mit Weißwein, Maisstärke und Trüffelöl vermengen, mindestens 30 Minuten marinieren.

**2** Kartoffeln im Dampf weich garen, quer halbieren und mit einem Pariserlöffel sorgfältig aushöhlen. Im vorgeheizten Backofen bei 100 °C warm stellen.

**3** Bei den Lauchstangen die äußeren Blätter entfernen und die Stangen in 10 cm lange Stücke schneiden, in der Gemüsebrühe weich garen.

**4** Den eingelegten Käse unter ständigem Rühren aufkochen.

**5** Die Kartoffeln auf Tellern anrichten, mit dem Fondue füllen, mit dem Lauch umgeben.

**Tipp** Am Tisch nach Belieben wenig weißen Trüffel darüber hobeln.

## Fondue au gruyère et à la tête de moine

**4 grandes pommes de terre à chair ferme**
**100 g de gruyère affiné en grotte râpé**
**100 g de tête de moine**
**1 dl de vin blanc sec**
**1 cc d'amidon de maïs**
**1 cc d'huile de truffes**
**poivre noir**
**4 poireaux minces**
**½ dl de bouillon de légumes**

**1 petite truffe blanche, selon goût**

**1** Mélanger les deux fromages, le vin blanc, l'amidon de maïs et l'huile de truffes. Laisser reposer au moins 30 minutes.

**2** Faire cuire les pommes de terre à la vapeur, les couper en deux dans le sens de la longueur, les vider délicatement avec une cuiller parisienne. Les garder au chaud, au four à 100 °C.

**3** Retirer les feuilles extérieures des poireaux, couper en tronçons de 10 cm. Les faire cuire dans le bouillon.

**4** En remuant constamment, porter à ébullition le fromage mariné.

**5** Disposer les pommes de terre creuses sur les assiettes, les remplir de fondue et garnir de poireaux.

**Conseil** A table, selon goût, râper un peu de truffe blanche par-dessus.

## Fondue with Gruyère and Tête de Moine

**4 large firm cooking potatoes**

**100 g grated cave matured Gruyère cheese**
**100 g grated Tête de Moine**
**100 ml sparkling white wine**
**1 tsp maize / corn flour**
**1 tsp truffle oil**
**black pepper**
**4 thin leeks**
**50 ml vegetable stock**

**1 small white truffle if desired**

**1** Mix both cheeses with white wine, maize and truffle oil, marinate for 30 minutes.

**2** Steam potatoes until soft, halve length wise, hollow out carefully with a soup spoon. Keep warm in preheated oven at 100 °C.

**3** Remove outer leaves of leek, cut leeks in 10 cm long pieces. Cook until soft in vegetable stock.

**4** Bring marinated cheese to the boil stirring continuously.

**5** Place hollowed out potatoes onto plates, fill with Fondue, garnish with leek.

**Tip** If desired, white truffle can be sliced over it at the table.

# Polenta-Tartelettes

**½ l Gemüsebrühe**
**2 EL Olivenöl extra nativ**
**125 g Polentagrieß**
**2 EL geriebener Sbrinz**

**1 kleiner Blumenkohl**
**1 Brokkoli**
**3 dl/300 ml Béchamel-Sauce**
**50 g geriebener Sbrinz**
**schwarzer Pfeffer**
**Kräutersalz**

**1** Gemüsebrühe und Öl aufkochen, Maisgrieß zufügen, unter ständigem Rühren 2 Minuten kochen. Auf der ausgeschalteten Wärmequelle 20 Minuten zugedeckt ruhen lassen. Den Sbrinz unterrühren. In Spritzsack mit glatter Tülle füllen, auf mit Backpapier belegtes Blech Schnecken spritzen, Rand 5 cm hoch spritzen.

**2** Blumenkohl und Brokkoli in möglichst kleine Röschen brechen, im Dampf knackig garen, in die Tartelettes füllen, mit Béchamel-Sauce überziehen.

**3** Tartelettes im vorgeheizten Backofen bei 220 °C 20 Minuten backen.

**Béchamel-Sauce** 20 g Butter in Pfanne schmelzen, 20 g Weißmehl unterrühren, 2 Minuten farblos andünsten. 2½ dl/250 ml Milch unterrühren, bei schwacher Hitze unter ständigem Rühren einige Minuten köcheln. 30 g geriebenen Sbrinz und ½ dl/50 ml Rahm/süße Sahne unterrühren, würzen mit Muskatnuss, Kräutersalz und weißem Pfeffer.

# Tartelettes de polenta

**½ l de bouillon de légumes**
**2 cs d'huile d'olive vierge extra**
**125 g de semoule de maïs**
**2 cs de sbrinz râpé**

**1 petit chou-fleur, 1 brocoli**
**3 dl de sauce béchamel**
**50 g de sbrinz râpé**
**poivre noir, sel aromatisé**

**1** Porter à ébullition le bouillon et l'huile, ajouter la semoule de maïs et porter à ébullition en remuant constamment. Laisser reposer à couvert sur la plaque éteinte durant 20 minutes. Incorporer le sbrinz et verser la masse dans un sac à douille avec une douille lisse. Presser des spirales sur une plaque recouverte de papier sulfurisé, le bord extérieur 5 cm de hauteur.

**2** Casser le légume et le brocoli en petites rosettes et les faire cuire à la vapeur, en les laissant croquantes. Les répartir dans les tartelettes et les couvrir de sauce Mornay.

**3** Faire cuire les tartelettes 20 minutes à 220 °C à four préchauffé.

**Sauce Mornay** Faire fondre 20 g de beurre dans une casserole et ajouter 20 g de farine blanche. Faire frémir 2 minutes sans laisser brunir en remuant constamment. Ajouter progressivement 2½ dl de lait. Faire mijoter quelques minutes, sans cesser de remuer. Incorporer les 50 g de sbrinz et ½ dl de crème entière. Assaisonner.

# Polenta Tarts

**½ l vegetable stock**
**2 tbsp extra virgin olive oil**
**125 g semolina for polenta**
**2 tbsp grated Sbrinz**

**1 small cauliflower**
**1 broccoli**
**300 ml béchamel sauce**
**50 g grated Sbrinz**
**black pepper**
**herbal salt**

**1** Bring vegetable stock and olive oil to the boil, add semolina. Cook for 2 minutes stirring continuously. Turn off hot plate, cover and leave to stand for 20 minutes. Stir in Sbrinz. Fill into a piping bag with smooth spout, pipe snail shapes onto a baking tray lined with baking paper, edges piped about 5 cm high.

**2** Break the vegetable into florets as small as possible, steam until crunchy, fill into the tarts, cover with Mornay sauce.

**3** Bake in preheated oven at 220 °C for 20 minutes.

**Mornay Sauce** First melt 20 g fresh butter in a pan, stir in 20 g white flour, lightly braise for 2 minutes without browning. Stir in 250 ml milk, cook a few minutes on low stirring continuously. Stir in 30 g grated Sbrinz and 50 ml cream, season with nutmeg, herbal salt and white pepper.

## Kopfsalat-Risotto mit Sbrinzspänen

1 fester Kopfsalat
1 EL Olivenöl extra nativ
120 g Rundkornreis (Aquarello, Carneloni)
2 fein gehackte Schalotten
1 dl/100 ml Weißwein
2½ dl/250 ml Geflügelbrühe
1 Stück Butter
2 EL geriebener Sbrinz
schwarzer Pfeffer
100 g Sbrinz am Stück

**1** Die außeren Blätter beim Kopfsalat entfernen. Restliche Blätter bis auf das Herz abbrechen und die Mittelrippen herausschneiden, Blätter in feine Streifen schneiden. Herz in die einzelnen Blätter zerpflücken.

**2** Olivenöl bei mittlerer Hitze erwärmen, den Reis zufügen und glasig dünsten. Die Schalotten kurz mitdünsten. Den Weißwein angießen, einköcheln lassen, 2 dl/200 ml Geflügelbrühe zugeben, aufkochen, auf der ausgeschalteten Wärmequelle zugedeckt 10 Minuten quellen lassen. Restliche Geflügelbrühe und Kopfsalat unterrühren, aufkochen, mit Butter und Sbrinz verfeinern, abschmecken mit schwarzem Pfeffer. Vom Sbrinz mit einem Sparschäler Streifen abziehen, über den angerichteten Risotto verteilen.

## Risotto et laitue avec rebibes de sbrinz

1 laitue pommée bien ferme
1 cs d'huile d'olive vierge extra
120 g de riz à grain rond (Aquarello, Carneloni)
2 échalotes finement hachées
1 dl de vin blanc
2½ dl de bouillon de volaille
1 morceau de beurre
2 cs de sbrinz râpé
poivre noir du moulin
100 g de sbrinz à la pièce

**1** Eliminer les feuilles extérieures de la laitue. Casser toutes les autres feuilles jusqu'au cœur de la laitue et éliminer les côtes. Couper les feuilles en fines lanières. Défaire le cœur.

**2** Faire chauffer l'huile d'olive à feu moyen et y faire revenir le riz jusqu'à ce qu'il soit translucide. Ajouter les échalotes et faire revenir brièvement. Ajouter le vin blanc et faire cuire jusqu'à évaporation. Ajouter 2 dl de bouillon de volaille, porter à ébullition et faire gonfler 10 minutes sur la plaque éteinte. Ajouter le reste du bouillon et la laitue, porter à ébullition, ajouter le sbrinz et le beurre et poivrer. Préparer des rebibes de sbrinz avec le couteau économique et les répartir sur le risotto.

## Lettuce Risotto with Sbrinz Shavings

1 firm lettuce
1 tbsp extra virgin olive oil
120 g short grain rice
2 finely chopped shallots
100 ml white wine
250 ml chicken stock
1 knob of butter
2 tbsp grated Sbrinz
black pepper
100 g Sbrinz in one piece

**1** Remove outer leaves of lettuce. Break off all remaining leaves to the heart and remove storks, shreed leaves finely. Now remove all leaves from the heart individually.

**2** Heat olive oil to medium heat, add risotto and stir until transparent. Add shallots and steam briefly. Pour in white wine and reduce, add 200 ml chicken stock, bring to the boil, turn off hot plate, cover and leave to expand for 10 minutes. Stir in remaining chicken stock and lettuce, bring to the boil, improve with butter and Sbrinz cheese, season with pepper. Serve, and with a swivel-bladed knife peel off strips of Sbrinz and sprinkle over the risotto.

## Orientalische Emmentaler-Burger

120 g trockenes Weißbrot
1 dl/100 ml heiße Milch
50 g Speckwürfelchen
3 gehackte Schalotten
1 EL Hirseflocken
1 Eigelb
2 EL gehackte Petersile
½ TL Kardamom
½ Muskatnuss
120 g höhlengereifter Emmentaler, klein gewürfelt
schwarzer Pfeffer
2 EL Olivenöl extra nativ

1 TL Sesam
½ EL Harissa
wenig Zitronenzesten
1 EL Zitronensaft

**1** Brot klein würfeln und mit der Milch beträufeln.

**2** Speck in einer Bratpfanne knusprig braten, Schalotten zufügen, goldgelb andünsten. Hirseflocken sowie eingeweichte Brotwürfelchen zugeben, unter ständigem Rühren einige Minuten dünsten. In eine Schüssel geben, Eigelb, Petersilie, Gewürze und Käsewürfelchen unterrühren, mit Pfeffer abschmecken.

**3** Aus der Masse Burger von etwa 50 g formen, im Olivenöl bei mäßiger Hitze beidseitig braten.

**Sesamsauce** 1 gehäufter Teelöffel Sesamsamen kurz trocken rösten, ½ EL Harissa unterrühren, zum Schluss 1 EL Zitronensaft und wenig abgeriebene Zitronenschalen unterrühren.

## Galettes orientales à l'emmental

120 g de pain blanc rassis
1 dl de lait chaud
50 g de lardons
3 échalotes hachées
1 cs de flocons de millet
1 jaune d'œuf
2 cs de persil haché
½ cc de cardamome
½ cc de muscade en pourdre
120 g d'emmental affiné en grotte, en petits dés
poivre noir du moulin
2 cs d'huile d'olive vierge extra

1 cc de graines de sésame
½ cs de harissa
un peu de zeste de citron
1 cs de jus de citron

**1** Couper le pain rassis en petits cubes et l'arroser de lait.

**2** Faire griller les lardons dans une poêle, ajouter les échalotes et les faire dorer. Ajouter les flocons de millet et les cubes de pain et faire cuire brièvement en remuant constamment. Verser le tout dans un saladier, ajouter le jaune d'œuf, les cubes de fromage et le poivre.

**3** Avec cette masse, former des galettes de 50 g environ et les faire dorer dans l'huile d'olive, des deux côtés.

**Sauce au sésame** Faire rôtir brièvement 1 cc de graines de sésame, ajouter ½ cs de harissa, puis 1 cs de jus de citron et un peu de zeste de citron râpé.

## Oriental Burgers with Emmentaler Cheese

120 g dry white bread
100 ml hot milk
50 g bacon cubes
3 chopped shallots
1 tbsp millet flakes
1 egg yolk
2 tbsp chopped parsley
½ tsp of cardamom
½ tsp of nutmeg
120 g cave matured Emmentaler cheese, in small cubes
black pepper
2 tbsp extra virgin olive oil

1 tsp sesame seeds
½ tbsp Harissa
lemon rind
1 tbsp lemon juice

**1** Cut bread into small cubes, sprinkle with milk.

**2** Fry bacon pan until crispy. Add shallots, steam until golden brown. Add millet flakes and bread cubes, steam for a few minutes stirring continuously. Put into a bowl, stir in egg yolk, parsley, herbs and cheese cubes, season with pepper.

**3** With the mixture form burger of around 50 g, fry on both sides in olive oil on medium heat.

**Sesame sauce** Dry roast 1 tsp of sesame seeds briefly, stir in ½ tbsp of Harissa, finally stir in 1 tbsp of lemon juice and a little grated lemon rind.

## Minikürbisse mit Tête-de-Moine-Füllung

**4 orange Minikürbisse**
**Kräutersalz, schwarzer Pfeffer**

*Füllung*
**50 g Quinua**
**2 dl/200 ml Gemüsebrühe**
**1 EL Butter**
**100 g Lauchwürfelchen**
**1 Zweig Rosmarin, Nadeln fein gehackt**
**2 Freilandeier**
**1 EL Quark**
**100 g geriebener Tête de Moine**
**50 g Tête de Moine, klein gewürfelt**
**schwarzer Pfeffer, Cayennepfeffer**
**geriebene Muskatnuss**

**1** Quinua mit der Gemüsebrühe aufkochen, rund 5 Minuten köcheln lassen, im vorgeheizten Ofen bei 120 °C zugedeckt rund 20 Minuten ausquellen lassen.

**2** Die Minikürbisse in einem weiten Kochtopf über Dampf 5 bis 8 Minuten garen. Einen Deckel abschneiden (siehe Bild), aushöhlen, mit Kräutersalz und Pfeffer würzen.

**3** Den Lauch in der Butter kurz dünsten, Quinua und Rosmarin zugeben, 2 Minuten dünsten.

**4** Ofen auf 180 °C vorheizen.

**5** Eier trennen. Eigelbe, Tête de Moine und Getreidemischung vermengen, abschmecken mit Pfeffer und Muskatnuss. Eiweiß mit Prise Salz zu Schnee schlagen, sorgfältig unter die Käsemasse heben, in die Kürbisse füllen. Die Kürbisse auf ein Blech stellen. Bei 180 °C 30 Minuten backen.

## Mini-courges farcies à la tête de moine

**4 petites courges oranges**
**sel marin aromatisé, poivre noir**

*farce*
**50 g de quinoa**
**2 dl de bouillon de légumes**
**1 cs de beurre**
**100 g de poireaux en lanières**
**1 branche de romarin aiguilles hachées**
**2 œufs**
**1 cs de séré/fromage blanc**
**100 g de tête de moine râpée**
**50 g de tête de moine en petits dés**
**poivre, poivre de Cayenne**
**noix de muscade râpée**

**1** Porter à ébullition le bouillon de légumes et le quinoa et faire mijoter 5 minutes. Laisser gonfler 20 minutes à couvert dans le four préchauffé à 120 °C.

**2** Faire cuire les courges dans le panier à vapeur, 5 à 8 minutes. Retirer un couvercle (voir photo), vider les courges, les assaissonner.

**3** Faire revenir les poireaux avec le beurre, ajouter le quinoa et le romarin, faire revenir 2 minutes.

**4** Préchauffer le four à 180 °C.

**5** Séparer les œufs, mélanger les jaunes avec la tête de moine râpée et celle en dés au quinua. Saler et poivrer et ajouter la noix de muscade. Battre en neige les blancs d'œufs avec une pincée de sel et incorporer délicatement à la masse de fromage. Verser la masse dans les courges et les déposer sur une plaque. Faire cuire au four, 30 minutes à 180 °C.

## Mini-Pumpkins with Tête de Moine Filling

**4 orange mini-pumpkins**
**herbal salt, black pepper**

*Filling*
**50 g quinua**
**200 ml vegetable stock**
**1 tbsp butter**
**100 g leek, finely cubed**
**1 twig of rosemary, needles finely chopped**
**2 free-range eggs**
**1 tbsp low fat curd cheese**
**100 g grated Tête de Moine**
**50 g Tête de Moine, finely cubed**
**black pepper**
**cayenne pepper**
**grated nutmeg**

**1** Bring vegetable stock and quinua to the boil, simmer for 5 minutes, leave to expand covered in preheated oven at 120 °C for 20 minutes.

**2** Steam whole pumpkins in large pan for 5 to 8 minutes. Cut off top and hollow out, season with herbal salt and pepper.

**3** Lightly braise leek in butter, add quinoa and rosemary and braise for 2 minutes.

**4** Preheat oven at 180 °C.

**5** Separate eggs. Mix egg yolks, grated and cubed Tête de Moine with dry ingredients, season with pepper and nutmeg. Beat egg white with a pinch of salt until stiff, carefully fold in cheese mixture, fill into pumpkins. Place on a baking tray. Bake at 180 °C for 30 minutes.

## Raclettekäse-Strudel

300 g Zwiebeln, in Streifen
3 EL Olivenöl extra nativ
½ dl/50 ml Weißwein
½ EL zerdrückte Kümmelsamen
10 zerdrückte Koriandersamen
10 Dörrtomaten, in Streifchen
Kräutersalz, Pfeffer
4 EL Paniermehl
1 Bund gehackter Majoran
2 EL grob gehackte Haselnüsse
200 g Raclettekäsescheiben, 3 mm dick
150 g Blätterteig
1 Eigelb
1 EL Rahm/süße Sahne

**1** Zwiebeln in einem Esslöffel Öl andünsten, Weißwein zufügen, knackig dünsten. Gewürze und Dörrtomaten kurz mitdünsten, mit Salz und Pfeffer abschmecken. Auskühlen lassen.

**2** Zwei Esslöffel Olivenöl erwärmen, Paniermehl, Majoran und Haselnüsse zufügen, kurz rösten, auskühlen lassen.

**3** Ofen auf 200 °C vorheizen.

**4** Blätterteig zu einem 10 cm breiten Band ausrollen, quer halbieren. Die Mitte teilen. Ein Teigstück auf ein mit Backpapier belegtes Blech legen. Das Paniermehl in die Mitte streuen, auf beiden Längsseiten etwa 15 mm frei lassen. Die Hälfte der Zwiebeln auf das Paniemehl verteilen, mit Raclettekäse belegen, mit Pfeffer würzen, restliche Zwiebeln darauf veteilen.

**Fortsetzung Seite 74**

## Strudel au fromage à raclette

300 g d'oignon en rondelles
3 cs d'huile d'olive vierge extra
½ dl de vin blanc
½ cc de cumin français concassé
10 graines de coriandre concassées
10 tomates séchées coupées en fines lanières
sel aromatisé, poivre noir
4 cs de chapelure
1 bouquet de marjolaine hachée
2 cs de noisettes, hachées
200 g de fromage à raclette en tranches de 3 mm d'épaisseur
150 g de pâte feuilletée
1 jaune d'œuf
1 cs de crème entière

**1** Faire revenir les oignons dans 1 cs d'huile d'olive. Ajouter le vin et faire revenir encore. Ajouter les tomates séchées et les épices et faire revenir le tout. Saler et poivrer. Laisser refroidir.

**2** Faire chauffer 2 cs d'huile d'olive, ajouter la chapelure, la marjolaine et les noisettes et faire rôtir brièvement. Laisser refroidir.

**3** Préchauffer le four à 200 °C.

**4** Abaisser la pâte feuilletée en une bande de 10 cm de largeur et la couper en deux dans le sens de la longueur. Déposer une bande de pâte sur une plaque recouverte de papier sulfurisé. Répartir la chapelure au milieu en laissant un bord libre de 15 mm.

**suite à la page 74**

## Raclette Cheese Strudel

300 g onions, sliced
3 tbsp extra virgin olive oil
50 ml white wine
½ tbsp crushed cumin seeds
10 crushed coriander seeds
10 dried tomatoes, thinly sliced
herbal salt, pepper
4 tbsp breadcrumbs
1 bunch of chopped marjoram
2 tbsp chopped hazelnuts
200 g sliced Raclette cheese, 3 mm thick
150 g puff pastry
1 egg yolk
1 tbsp cream

**1** Steam onions in 1 tbsp olive oil, add wine, steam until crisp. Add spices and dried tomatoes, steam briefly, season with herbal salt and pepper. Leave to cool.

**2** Heat 2 tbsp of olive oil, add breadcrumbs, marjoram and hazelnuts, briefly roast, leave to cool.

**3** Preheat oven to 200 °C.

**4** Roll out puff pastry to a band 10 cm wide, halve horizontally. Separate in the middle. Lie 1 piece of pastry on a baking tray lined with baking paper. Sprinkle breadcrumbs in the middle and leave 15 mm free on each side.

**continued page 74**

Fortsetzung von Seite 72

Das zweite Blätterteigband längs falten, Rücken im Abstand von 2 cm etwa 1 cm tief einschneiden. Eigelb und Rahm verrühren, Teigboden rundum einpinseln, mit dem eingeschnittenen Teigband zudecken, Ränder andrücken.

**5** Raclettekäse-Strudel bei 200 °C 30 Minuten backen, 5 Minuten ruhen lassen. Warm servieren.

suite de la page 72

Répartir la moitié des oignons sur la chapelure et les recouvrir de tranches de fromage. Poivrer et recouvrir avec le reste des oignons. Plier la seconde bande de pâte dans le sens de la longueur. Au dos, entailler le pli tous les 2 cm, 1 cm de profondeur. Mélanger le jaune d'œuf et la crème et en badigeonner les bords de la pâte de tous les côtés. Recouvrir de la bande de pâte entaillée et bien presser les bords.

**5** Faire cuire le strudel au fromage au four, 30 minutes à 200 °C. Laisser reposer 5 minutes et servir chaud.

continued from page 72

Distribute half of the onions onto the breadcrumbs, spread with Raclette cheese slices, season with pepper and spread remaining onions on top. Fold the second band of pastry length wise, cut back of pastry 1 cm deep leaving gaps of 2 cm. Beat egg yolk and cream, brush the edges of pastry base, cover up with cut band, firmly press down edges.

**5** Bake Raclette cheese strudel at 200 °C for 30 minutes, leave to stand for 5 minutes. Serve warm.

## Nudelschnecken mit Käsefüllung

*Nudelteig*
**2 Freilandeier**
**1 Eigelb von einem Freilandei**
**½ TL Salz**
**1 EL Olivenöl extra nativ**
**175 g Weißmehl/Mehltype 405**
**75 g Knöpflimehl**

*Füllung*
**200 g Spinat**
**4 EL Ricotta**
**100 g geriebener Sbrinz**
**50 g geriebener Appenzeller**

**150 g Eierschwämmchen/ Pfifferlinge**
**2 EL Weißwein**
**1 EL Butter**

**3 EL Olivenöl extra nativ**
**1 rote Peperoni/Paprikaschote**
**Cayennepfeffer**
**Muskatnuss**
**Kräutersalz**
**1 TL Akazienhonig**

**1** Für den Nudelteig Eier, Eigelb, Olivenöl und Salz gut verquirlen. Mehl und Knöpflimehl in einer Schüssel mischen, eine Vertiefung formen, die Eiermasse hinein gießen, während gut 10 Minuten zu einem festen Teig kneten. Nun in Klarsichtfolie einwickeln, im Kühlschrank eine Stunde oder länger ruhen lassen.

**Fortsetzung Seite 76**

## Escargots de nouilles farcis au fromage

*pâte à nouilles*
**2 œufs**
**1 jaune d'œuf**
**½ cc de sel**
**1 cs d'huile d'olive vierge extra**
**175 g de farine blanche**
**75 g de farine à knœpflis**

*farce*
**200 g d'épinards**
**4 cs de ricotta**
**100 g de sbrinz râpé**
**50 g d'appenzell râpé**

**150 g de girolles**
**2 cs de vin blanc**

**3 cs d'huile d'olive vierge extra**
**1 poivron rouge**
**poivre de Cayenne**
**noix de muscade râpée**
**sel marin aromatisé**
**1 cc de miel d'acacia**

**1** Pour la pâte à nouilles, battre les œufs, le jaune d'œuf, l'huile d'olive et le sel. Dans un saladier, mélanger les deux farines, former la fontaine. Y verser la masse des œufs, pétrir 10 minutes au minimum pour obtenir une pâte ferme. Emballer dans du film alimentaire et laisser reposer au moins une heure au réfrigérateur.

**suite à la page 76**

## Noodle Snails with Cheese Filling

*Noodle dough*
**2 free-range eggs**
**1 free-range egg yolk**
**½ tsp salt**
**1 tbsp extra virgin olive oil**
**175 g white flour**
**75 g spaetzle flour**

*Filling*
**200 g spinach**
**4 tbsp Ricotta cheese**
**100 g grated Sbrinz cheese**
**50 g grated Appenzeller cheese**

**150 g chanterelle**
**2 tbsp white wine**
**1 tbsp butter**

**3 tbsp extra virgin olive oil**
**1 red capsicum**
**cayenne pepper**
**nutmeg**
**herbal salt**
**1 tsp acacia honey**

**1** For the noodle dough: beat together eggs, egg yolk, olive oil and salt. Mix flour and spaetzle flour in a bowl, form a hollow, pour in egg mixture and knead for approximately 10 minutes to form a firm dough. Roll out onto transparent film, leave to stand for at least 1 hour in the fridge.

**continued page 76**

Fortsetzung von Seite 75

**2** Für die Füllung Spinat entstielen, im Dampf zusammenfallen lassen, in einem Sieb gut ausdrücken und fein hacken. Ricotta, Sbrinz und Appenzeller Käse unterrühren, mit Cayennepfeffer, Muskatnuss und Kräutersalz abschmecken.

**3** Nudelteig in vier Portionen teilen, mit Nudelmaschine oder von Hand zu Bändern von 10 cm Breite und 50 cm Länge ausrollen, längs halbieren.

**4** Spinatfüllung in den Spritzsack füllen, in der Mitte der Bänder einen 1 cm dicken Streifen Füllung spritzen. Die Ränder mit Wasser bepinseln, die Teigbänder längs zusammenlegen, fest andrücken. Bänder zu Schnecken drehen, in reichlich Salzwasser 10 Minuten kochen.

**5** Peperoni schälen, halbieren, Stielansatz und Kerne entfernen, klein würfeln, mit Olivenöl cuttern oder pürieren, mit Cayennepfeffer, Muskatnuss, Kräutersalz und Honig abschmecken.

**6** Eierschwämmchen im Wein kurz dünsten, mit Salz und Pfeffer würzen, mit Butter verfeinern.

**7** Nudelschnecken auf vorgewärmten Tellern anrichten, mit Peperonipüree und Eierschwämmchen umgeben.

suite de la page 75

**2** Pour la farce, retirer les tiges des épinards et faire étouffer les légumes à la vapeur. Bien les presser dans une passoire et les hacher finement. Ajouter la ricotta, le sbrinz et l'appenzell, ainsi que le poivre de Cayenne, la noix de muscade râpée et le sel marin aromatisé.

**3** Former 4 parties égales de pâte. A la main ou la machine à nouilles, confectionner des nouilles de 10 cm de large sur 50 cm de long. Les couper en deux dans la longueur.

**4** Verser la farce dans un sac à douille et déposer une bande de 1 cm de largeur au milieu des bandes de pâte. Badigeonner les bords avec de l'eau et plier les bandes dans le sens de la longueur en les pressant fermement. Enrouler les bandes en spirale et les faire cuire 10 minutes dans une grande quantité d'eau salée.

**5** Peler le poivron avec le couteau économique, le couper en deux, retirer les graines et couper le fruit en petits dés. Les mélanger à l'huile d'olive, les mixer et assaisonner avec poivre de Cayenne, noix de muscade râpée, sel marin aromatisé et miel.

**6** Faire blanchir brièvement les girolles dans le vin blanc, saler, poivrer et passer dans le beurre.

**7** Disposer les escargots de nouilles sur les assiettes chaudes et garnir avec la purée de poivron et les girolles.

continued from page 75

**2** For the filling: remove stems from spinach, steam until it collapses, drain and press through a sieve. Stir in Ricotta, Sbrinz and Appenzeller cheese, season with cayenne pepper, nutmeg and herbal salt.

**3** Cut noodle dough into 4 even pieces, roll out and cut with the noodle machine or by hand into strips of 10 cm width and 50 cm length, cut in half.

**4** Fill spinach mixture into a piping bag and pipe onto the middle of the bands into a 1 cm thick strip. Brush edges with water, fold bands together length wise, press down firmly. Twist bands into snails, cook in plenty of salt water for 10 minutes.

**5** Peel capsicums with swivel-bladed knife, halve, remove stem and seeds, cut into small cubes, puree together with olive oil, season with cayenne pepper, nutmeg, herbal salt and honey.

**6** Briefly steam chanterelle in white wine, season with salt and pepper, improve with butter.

**7** Serve noodle snails on pre-heated plates, surround with capsicum puree and chanterelle.

## Auberginentaschen mit Sbrinzfüllung

1 große Aubergine

*Füllung*
150 g geriebener Sbrinz
2 EL Ricotta
1 Eigelb
1 Bund gehackte Petersilie
2 zerdrückte Knoblauchzehen
1 TL Paprikapulver

2 dl/200 ml Olivenöl zum Braten

*Linsenallerlei*
100 g rote Linsen
1 EL Olivenöl extra nativ
2 EL Madras-Currypulver
4 kleine Zucchini
4 Mini-Pâtissons
2 Bundzwiebeln
1 Bund Karotten
4 geschälte Tomaten
200 g fest kochende Kartoffeln
1 dl/100 ml Tomatensaft
2 dl/200 ml Gemüsebrühe

**1** Die Aubergine beidseitig kappen, 8 Scheiben von 1 cm Dicke schneiden, mit Ausstecher von 7 cm Durchmesser Rondellen ausstechen. Mit spitzem Messer seitliche Taschen einschneiden. Mit Salz bestreuen. 1 Stunde stehen lassen. Mit Küchenpapier trocknen.

**Fortsetzung Seite 80**

## Chaussons aux aubergines avec sbrinz

1 grande aubergine

*farce*
150 g de sbrinz râpé
2 cs de ricotta
1 jaune d'œuf
1 bouquet de persil haché
2 gousses d'ail pressées
1 cc de paprika

2 dl d'huile d'olive pour frire

*méli-mélo de lentilles*
100 g de lentilles rouges
1 cs d'huile d'olive vierge extra
2 cs mélange d'épices pour curry Madras
4 petites courgettes
4 mini-pâtissons
2 oignons de printemps
1 botte de carottes
4 tomates pelées
200 g de pommes de terre à chair ferme
1 dl de jus de tomate
2 dl de bouillon de légumes

**1** Retirer les deux bouts de l'aubergine et couper le fruit en 8 tranches de 1 cm d'épaisseur. Avec un emporte-pièce de 7 cm Ø, couper des ronds. Avec un couteau pointu, pratiquer des poches latérales. Saupoudrer de sel, laisser reposer les tranches durant 1 heure. Les sécher avec du papier absorbant.

**suite à la page 80**

## Egg Plant Pockets with Sbrinz Filling

1 large egg plant (aubergine)

*Filling*
150 g grated Sbrinz
2 tbsp Ricotta
1 egg yolk
1 bunch of parsley, chopped
2 crushed garlic cloves
1 tsp paprika powder

200 ml olive oil to fry

*Mixed Lentils*
100 g red lentils
1 tbsp extra virgin olive oil
2 tbsp curry powder Madras
4 small courgettes
4 mini- squash (patissons)
2 spring onions
1 bunch of carrots
4 peeled tomatoes
200 g firm cooking potatoes
100 ml tomato juice
200 ml vegetable stock

**1** Cut off both ends of the egg plant and cut into 8 slices of 1 cm thickness, cut out circles with a cutter of 7 cm diameter. With a sharp knife, cut pockets into the sides. Sprinkle with salt. Leave to stand for 1 hour. Dry off with kitchen paper.

**continued page 80**

Fortsetzung von Seite 78

**2** Sämtliche Zutaten für die Füllung vermengen. Auberginentaschen füllen, mit Zahnstocher verschließen. Olivenöl in einer weiter Bratpfanne erhitzen, die Auberginentaschen bei mittlerer Hitze goldgelb braten. Taschen auf Küchenpapier abtropfen lassen.

**3** Für das Gemüse rote Linsen mit kaltem Wasser aufkochen, bei schwacher Hitze weich garen, abgießen. Zucchini, Zwiebeln und Karotten in Scheiben, Pâtissons in Dreiecke schneiden. Geschälte Tomaten und Kartoffeln klein würfeln. Curry im heißen Olivenöl kurz rösten. Zucchini, Pâtissons, Zwiebeln, Karotten und Tomaten zufügen, mitdünsten, Kartoffeln, Tomatensaft sowie Gemüsebrühe zufügen, bei schwacher Hitze 10 Minuten kochen. Linsen unter das Gemüse mischen, eventuell nachwürzen.

**4** Linsenallerlei in eine Gratinform verteilen. Zahnstocher bei den Auberginentaschen entfernen, Taschen quer halbieren, mit der Öffnung nach oben auf das Linsengemüse schichten. Im vorgeheizten Ofen bei 220 °C 30 Minuten backen.

suite de la page 78

**2** Mélanger les ingrédients de la farce, en remplir les poches des tranches d'aubergine et les fermer à l'aide de cure-dents.

**3** Pour les légumes, verser les lentilles rouges dans de l'eau froide et porter à ébullition. Les faire cuire à feu doux, puis verser l'eau. Couper les courgettes, les oignons et les carottes en tranches, les pâtissons en triangles. Couper les tomates pelées et les pommes de terre pelées en petits dés. Faire revenir brièvement la poudre de curry dans l'huile d'olive chaude. Ajouter les courgettes, les pâtissons, les oignons, les carottes et les tomates et faire revenir le tout. Ajouter les pommes de terre, le jus de tomate et le bouillon de légumes et laisser mijoter 10 minutes. Incorporer les lentilles et rectifier l'assaisonnement.

**4** Verser le méli-mélo dans un plat à gratin. Retirer le cure-dent des poches d'aubergines et couper les poches en deux et les déposer sur les légumes, ouverture vers le haut. Faire gratiner 30 minutes à four préchauffé à 220 °C.

continued from page 78

**2** Mix all ingredients for the filling. Fill into the egg plant pockets, and seal with a toothpick. Heat up olive oil in wide frying pan, fry egg plant pockets on medium heat until golden brown. Drain on kitchen paper.

**3** For the vegetables: Bring lentils and cold water to the boil, cook until soft on low, drain off water. Cut courgettes, spring onions and carrots into slices and squash into triangles. Cut peeled tomatoes and peeled potatoes into small cubes. Briefly roast curry powder in olive oil. Add courgettes, patissons, onions, carrots and tomatoes and steam, add potatoes, tomato juice and vegetable stock, cook on low for 10 minutes. Mix in lentils, season if required.

**4** Spread mixed lentils into a baking dish. Remove toothpick from egg plant pockets,halve horizontally, layer onto the mixed lentils with the opening facing upwards. Bake in preheated oven at 220 °C for 30 minutes.

# Hauptgerichte mit Fleisch

## Plats principaux avec viande

## Meat Main Courses

## Involtini mit Tilsiterfüllung

1 TL Bratbutter/Butterschmalz
4 Kalbfleischscheiben, je 120 g, dünn geklopft
4 Rohschinkenscheiben
4 Basilikumblätter
100 g Tilsiter, in Stäbchen
schwarzer Pfeffer
Kräutersalz
2 EL Pinienkerne
2 Knoblauchzehen, in Scheibchen
10 Dörrtomaten, in Streifen
½ dl/50 ml Weißwein
4 EL Bratenjus
2 EL Balsamico-Essig

**1** Tilsiter und Basilikumblatt in den Rohschinken einwickeln, auf die mit Pfeffer gewürzten Kalbfleischscheiben legen, einrollen, mit Zahnstochern fixieren, mit Salz und Pfeffer würzen. Involtini in der heißen Bratbutter anbraten. Im vorgewärmten Backofen bei 200 °C etwa 15 Minuten garen.

**2** Pinienkerne in der Fleischpfanne hellbraun rösten, Knoblauch und Dörrtomaten kurz mitbraten. Weißwein, Bratenjus und Essig zufügen, in einem Saucenpfännchen zur Hälfte einkochen lassen.

**Tipp** Mit feinen Nudeln oder Risotto servieren.

## Involtini au tilsit

1 cc de beurre à frire
4 tranches de veau, 120 g par tranche, très minces
4 tranches de jambon cru
4 feuilles de basilic
100 g de tilsit, en bâtonnets
poivre noir
sel aromatisé
2 cs de pignons de pin
2 gousses d'ail en fines lamelles
10 tomates séchées en lanières
½ dl de vin blanc
4 cs de jus de rôti
2 cs de vinaigre balsamique

**1** Enrober des bâtonnets de tilsit et une feuille de basilic d'une tranche de jambon cru, déposer les rouleaux sur les tranches de veau poivrées et salées. Enrouler les tranches et les fixer avec un cure-dents. Poivrer et saler puis les faire rôtir dans le beurre à frire. Faire cuire les involtini au four préchauffé, 15 minutes à 200 °C.

**2** Faire griller les pignons de pin dans la poêle de la viande. Ajouter l'ail et les tomates séchées et les faire griller brièvement. Ajouter le vin blanc, le jus de rôti et le vinaigre balsamique. Faire réduire de moitié.

**Conseil** Servir avec des nouilles ou un risotto.

## Involtini with Tilsiter Filling

1 tsp clarified butter
4 veal slices, 120 g each, tenderised until thin
4 slices of smoked bacon
4 basil leaves
100 g Tilsiter, in sticks
black pepper
herbal salt
2 tbsp pine kernels
2 garlic cloves, sliced
10 dried tomatoes, sliced
50 ml white wine
4 tbsp gravy
2 tbsp Balsamico vinegar

**1** Roll Tilsiter sticks and basil leaves in bacon, lay on top of veal slices seasoned with pepper, roll up, fix with toothpicks, season with salt and pepper. Fry Involtinis in hot clarified butter. Cook in preheated oven at 200 °C for about 15 minutes.

**2** Roast pine kernels in meat pan until light brown, add garlic and dried tomatoes, briefly roast. Add white wine, gravy and vinegar, reduce to half in small saucepan.

**Tip** Serve with thin noodles or risotto.

## Tournedos mit Emmentaler

**1 EL Olivenöl extra nativ**
**8 Rindsfiletmedaillons, je 80 g**
**½ EL zerdrückte grüne Pfefferkörner**
**1 TL Salz**
**4 EL Portwein**
**½ dl/50 ml Bratenjus**
**1 Schalotte, fein gehackt**
**100 g Emmentaler Käse, in feinen Scheiben**

**150 g gegarte grüne Bohnen**
**50 g gegarte Indianerbohnen**
**wenig Gemüsebrühe**

**8 halbierte Cherrytomaten**
**Kräutersalz**
**1 EL Haselnussöl**

**1** Tournedos mit der Salz-Pfefferkörner-Mischung würzen.

**2** Torunedos in einer Bratpfanne im Öl bei starker Hitze beidseitig anbraten. In eine bei 80 °C vorgewärmte Schüssel legen, im Ofen bei 80 °C 20 Minuten niedergaren.

**3** Bratsatz mit dem Portwein und dem Bratenjus ablöschen, die Schalotten zufügen, aufkochen, in Saucenpfännchen warm stellen.

**4** Grüne Bohnen und Indianderbohnen mit der Gemüsebrühe erhitzen. Cherrytomaten zufügen und erwärmen, mit Kräutersalz und Haselnussöl abschmecken.

**5** Tournedos aus dem Backofen nehmen. Auf Grillstufe (240 °C) aufheizen. Tournedos mit dem Emmentaler belegen, unter dem Grill gratinieren. Mit dem Bohnen-Tomaten-Mix anrichten.

## Tournedos mode Emmental

**1 cs d'huile d'olive vierge extra**
**8 filets mignons de bœuf, 80 g chacun**
**½ cs de poivre vert concassé**
**24 cs de porto**
**½ dl de jus de rôti**
**1 échalote finement hachée**
**100 g d'emmental en tranches**

**150 g de haricots verts cuits**
**50 g de haricots rouges cuits**
**un peu de bouillon de légumes**

**8 tomates cerises coupées en deux**
**sel marin aromatisé**
**1 cs d'huile de noisettes**

**1** Passer les tournedos dans le mélange sel et poivre.

**2** Dans une poêle, saisir à feu vif dans l'huile d'olive les tournedos des deux côtés. Les déposer dans le saladier, les laisser reposer à 80 °C durant 20 minutes.

**3** Déglacer avec le porto et le jus de rôti, ajouter les échalotes, porter à ébullition et garder au chaud dans une saucière.

**4** Faire chauffer les haricots dans un peu de bouillon, ajouter les tomates cerises, les chauffer et assaisonner. Ajouter l'huile de noisettes.

**5** Retirer les tournedos du four. Faire chauffer le four en position gril à 240 °C. Recouvrir la viande avec les tranches d'emmental, les gratiner sous le gril. Servir avec les haricots et tomates.

## Tournedos with Emmentaler

**1 tbsp extra virgin olive oil**
**8 Beef fillet medallions, 80 g each**
**½ tbsp crushed green peppercorns**
**1 tsp salt**
**4 tbsp port**
**50 ml gravy**
**1 shallot, finely chopped**
**100 g Emmentaler cheese, in fine slices**

**150 g cooked green beans**
**50 g cooked kidney beans**
**little vegetable stock**
**8 cherry tomatoes, halved**
**herbal salt**
**1 tbsp hazelnut oil**

**1** Keep bowl warm at 80 °C.

**2** Season beef with salt-peppercorn mix.

**3** Fry fillets in extra virgin olive oil on both sides on high heat. Place in preheated bowl and cook slightly in oven at 80 °C for 20 minutes.

**4** Mix meat juice, port and gravy together, add shallots, bring to the boil. Keep warm in saucepan.

**5** Heat green beans and kidney beans in vegetable stock. Add cherry tomatoes and warm through, season with herbal salt and hazelnut oil.

**6** Take fillets out of oven. Heat oven grill to (240 °C). Cover fillets with Emmentaler cheese, and brown under the grill. Serve with bean-tomato mix.

## Schweinsfilet mit Raclettekäsefüllung

**2 EL Olivenöl extra nativ**
**240 g Schweinsfilet vom Mittelstück**
**schwarzer Pfeffer, Salz**
**4 Salbeiblätter**
**100 g Raclettekäse, in 1 cm dicken Streifen**
**1 Schweinsnetz**

**1 EL Zucker**
**1 dl/100 ml Rotwein**
**8 Dörrzwetschgen**
**½ rote Chilischote, fein gehackt**
**2 EL Bratenjus**

**1** Das Schweinsfilet der Länge nach aufschneiden, mit Pfeffer würzen, mit Salbei und Raclettekäse belegen, satt einrollen, mit Salz und Pfeffer würzen, mit dem Schweinsnetz umwickeln.

**2** Backofen und Backblech auf 80 °C vorheizen.

**3** Das Schweinsfilet in der Bratpfanne im Olivenöl bei starker Hitze rundum anbraten, auf das Blech legen. Bei 65 °C etwa 90 Minuten niedergaren, bis das Fleisch eine Kerntemperatur von 65 °C hat.

**4** Fett in der Bratpfanne mit Küchenpapier auftupfen. Zucker in die Pfanne streuen, leicht karamellisieren, Rotwein zufügen, in ein Saucenpfännchen geben. Dörrzwetschgen, Chilischoten und Bratenjus zugeben, 10 Minuten bei schwacher Hitze köcheln lassen.

**5** Schweinsfilet tranchieren, mit den Dörrzwetschgen umgeben.

## Filet de porc farci au fromage à raclette

**2 cs d'huile d'olive vierge extra**
**240 g de filet de porc**
**poivre noir, sel**
**4 feuilles de sauge**
**100 g de fromage à raclette en tranches de 1 cm d'épaisseur**
**1 coiffe de porc pour envelopper**

**1 cs de sucre**
**1 dl de vin rouge**
**8 pruneaux secs**
**½ piment rouge haché fin**
**2 cs de jus de rôti**

**1** Couper le filet de porc dans le sens de la longueur, poivrer, recouvrir de feuilles de sauge et de fromage à raclette et enrouler le tout bien serré. Saler et poivrer et emballer dans la coiffe de porc.

**2** Préchauffer le four et une plaque à gâteau à 80 °C.

**3** Dans une poêle et de l'huile d'olive, faire saisir le filet de tous les côtés. Le déposer sur la plaque à gâteau. Le faire cuire à 65 °C durant 90 minutes jusqu'à ce que la température intérieure du filet soit à 65 °C.

**4** Avec du papier absorbant, tamponner la graisse dans la poêle. Verser le sucre dans la poêle et le caraméliser légèrement.
Ajouter le vin rouge et transvaser dans une petite casserole. Ajouter les pruneaux secs, le piment et le jus de rôti. Laisser mijoter environ 10 minutes.

**5** Débiter le filet en tranches et le garnir de pruneaux et de jus.

## Pork Fillets with Raclette Cheese Filling

**2 tbsp extra virgin olive oil**
**240 g pork fillet, centre part**
**black pepper, salt**
**4 sage leaves**
**100 g Raclette cheese, in 1 cm thick strips**
**1 pork net**

**1 tbsp sugar**
**100 ml red wine**
**8 dried prunes**
**½ red chilli, finely chopped**
**2 tbsp gravy**

**1** Slice open pork fillets length wise, season it with pepper, spread sage and Raclette cheese onto the meat, tightly roll, season with salt and pepper, pack into pork net.

**2** Preheat oven and baking tray to 80 °C.

**3** Fry pork filet on all sides in frying pan with olive oil on high heat, place on baking tray. Lightly cook at 65 °C in oven for 90 minutes until meat centre reaches 65 °C.

**4** Wipe fat out of frying pan with kitchen paper. Sprinkle sugar in pan and caramelise slightly, add red wine, pour into saucepan. Add dried prunes, chilli and gravy, simmer on low for 10 minutes.

**5** Cut pork fillets into slices and spread the prunes around them.

## Waadtländer Lauchkuchen

*für 2 Kuchenbleche von 16 cm Durchmesser*

**200 g fein geschnittener Lauch**
**2 gehackte Schalotten**
**100 g Kartoffelwürfelchen**
**2 dl/200 ml Weißwein**
**1 TL Gemüsebrühepulver**
**1 Waadtländer Saucisson**
**½ Becher Saucenrahm**
**100 g geriebener Gruyère**

**300 g geriebener Kuchenteig**

**1** Lauch, Schalotten und Kartoffeln mit Weißwein und Gemüsebrüheextrakt aufkochen. Saucisson mit einer Gabel mehrmals einstechen, auf den Lauch legen. Zugedeckt bei schwacher Hitze 20 Minuten dünsten. Saucisson herausnehmen. Lauchgemüse bei schwacher Hitze weiter kochen, bis die Flüssigkeit bindet. Saucisson schälen, die Hälfte in 5 mm dicke Scheiben schneiden, die andere Hälfte klein würfeln. Wurstwürfelchen und Lauch mischen, Saucenrahm unterrühren, zugedeckt auskühlen lassen.

**2** Teig in 2 Portionen teilen und auf die Formgröße ausrollen, 2 EL Gruyère auf den Teigboden streuen, Wurstscheiben sowie Lauch darauf verteilen, restlichen Gruyère darüber streuen. Die Kuchen im vorgeheizten Ofen bei 180 °C 30 Minuten backen.

## Gâteau vaudois aux poireaux

*pour 2 plaques de 16 cm Ø*

**200 g de poireaux finement coupés**
**2 échalotes hachées**
**100 g de cubes de pommes de terre**
**2 dl de vin blanc**
**1 cc de bouillon de légumes instantané**
**1 saucisson vaudois**
**½ gobelet de crème à sauce**
**100 g de gruyère râpé**

**300 g de pâte à gâteau brisée**

**1** Porter à ébullition les poireaux, l'échalote, les pommes de terre et le vin avec la poudre de bouillon de légumes. Piquer plusieurs fois le saucisson et le déposer sur les légumes. Faire mijoter à couvert, 20 minutes environ. Retirer le saucisson et continuer à faire mijoter jusqu'à ce que le liquide se lie. Peler le saucisson et débiter la moitié en tranches de 5 mm d'épaisseur, l'autre moitié en petits cubes. Dans un saladier, mélanger les poireaux et les cubes de saucisson, puis ajouter la crème à sauce et laisser refroidir à couvert.

**2** Abaisser 2 portions de pâte à la grandeur des plaques. Répartir 2 cs de gruyère sur les fonds, y réparti les ronds de saucisse et la masse des poireaux. Parsemer du reste de gruyère. Faire cuire dans le four préchauffé, environ 30 minutes à 180 °C.

## Leek Cake from Vaud

*for 2 cake tins of 16 cm diameter*

**200 g finely cut leek**
**2 chopped shallots**
**100 g small potato cubes**
**200 ml white wine**
**1 tbsp vegetable stock powder**
**1 sausage from Vaud**
**½ pot of cream**
**100 g grated Gruyère cheese**

**300 g Pastry**

**1** Bring leek, shallots, potatoes with wine and vegetables stock powder to the boil. Prick sausage several times with fork and spread over leek mixture. Cover and steam on low for 20 minutes. Remove sausage. Continue cooking leeks until the liquid thickens. Peel sausage, cut half in 5 mm thick slices, cut other half into small cubes. Mix sausage pieces with leek mixture in a bowl, stir in cream, cover and leave to cool.

**2** Roll out half the pastry and line cake tin, sprinkle 2 tbsp of Gruyère cheese over base, spread with sausage and leek mixture, sprinkle remaining Gruyère cheese on top. Bake in preheated oven at 180 °C for 30 minutes.

## Geschmolzener Gruyère in Omelettschnecke

*für 6 Omeletts*

1 Freilandei
1½ dl/150 ml Milch
60 g Weißmehl/Mehltype 405
1 Msp Salz
30 g flüssige Butter
Olivenöl extra nativ zum Braten

*Gruyère-Füllung*
200 g geriebener höhlengereifter Gruyère
100 g Gruyère, klein gewürfelt
10 Scheiben Frühstücksspeck, in Streifchen
½ dl/50 ml Weißwein
2 EL Hirseflocken
2 Eigelbe von Freilandeiern
2 zerdrückte Knoblauchzehen
1 TL Paprikapulver
1 TL geriebene Muskatnuss
schwarzer Pfeffer

*Tomatensauce*
4 klein geschnittene Pelati
1 TL Kräutersalz
1 TL Tomatenpüree
1 Zweig Thymian, Blättchen
Chilipulver nach Belieben
1 Prise Zucker

Fortsetzung Seite 92

## Crêpes en escargots au gruyère fondu

*pour 6 crêpes*

1 œuf
1½ dl de lait
60 g de farine
1 pc de sel
30 g de beurre liquide
huile d'olive vierge extra pour frire

*farce au gruyère*
200 g de gruyère affiné en grotte, râpé
100 g de gruyère en petits cubes
10 tranches de lard à cuire, finement ciselées
½ dl de vin blanc
2 cs de flocons de millet
2 jaunes d'œufs
2 gousses d'ail pressées
1 cc de paprika
1 cc de noix de muscade râpée
poivre noir du moulin

*sauce tomate*
4 tomates pelées hachées
1 cc de sel marin aromatisé
1 cc de concentré de tomates
1 branche de thym effeuillée
poivre de Cayenne selon goût
1 pc de sucre

suite à la page 92

## Melted Gruyère Cheese with Omelette Snails

*for 6 Omelettes*

1 free-range egg
1½ dl/150 ml milk
60 g white flour
1 pinch of salt
30 g melted butter
extra virgin olive oil for frying

*Gruyère Cheese Filling*
200 g grated Gruyère cheese
100 g Gruyère cheese, small cubes
10 slices breakfast bacon, in fine stripes
50 ml white wine
2 tbsp flakes of millet
2 free-range egg yolks
2 crushed garlic cloves
1 tsp paprika powder
1 tsp grated nutmeg
black pepper

*Tomato Sauce*
4 small cut pelati (canned peeled tomatoes)
1 tsp herbal salt
1 tsp tomato puree
1 twig of thyme, leaves pluged off
chilli powder, if desired
1 pinch of sugar

continued page 92

Fortsetzung von Seite 90

**1** Ei mit der Milch aufschlagen, Mehl und Salz unter ständigem Rühren zugeben und zu einem glatten Teig rühren. Zugedeckt 30 Minuten ruhen lassen. Flüssige Butter unterrühren. In einer beschichteten Bratpfanne in wenig Butter 6 Omeletts von 24 cm Durchmesser braten.

**2** Zutaten für die Füllung vermengen, mit Pfeffer abschmecken. Die Masse in die Mitte der Omeletts geben, beidseitig einschlagen, von der anderen Seite satt einrollen.

**3** Alle Zutaten für die Sauce pürieren.

**4** Tomatensauce in eine eingefettete Gratinform verteilen. Omeletts quer halbieren und mit der Schnittfläche nach oben in die Form stellen, im vorgeheizten Ofen bei 220 °C 20 Minuten backen.

suite de la page 90

**1** Battre l'œuf et le lait, ajouter la farine et le sel en fouettant constamment jusqu'à obtention d'une pâte lisse. Laisser reposer 30 minutes à couvert. Incorporer le beurre liquide. Dans une poêle anti-adhésive, avec un peu de beurre, préparer 6 crêpes de 24 cm Ø.

**2** Mélanger tous les ingrédients pour la farce, poivrer. Verser la masse au milieu des crêpes, rabattre deux côtés et bien les enrouler.

**3** Mixer tous les ingrédients pour la sauce.

**4** Verser la sauce tomate dans un plat à gratin graissé. Couper les crêpes en travers, en deux et les déposer dans le plat, fermeture vers le haut. Faire cuire au four préchauffé, 20 minutes à 220 °C.

continued from page 90

**1** Beat egg with milk, add flour and salt, beat continuously until dough is smooth. Leave to stand covered for 30 minutes. Mix in the melted butter. In non-stick pan with a little butter, fry 6 omelettes of 24 cm Ø.

**2** Mix all ingredients for filling, season with pepper. Pour mixture into middle of omelette, fold in both sides and roll up from other side.

**3** Puree all ingredients for sauce.

**4** Spread tomato sauce in greased baking dish. Diagonally half omelettes and stand into dish with sliced side facing upwards, bake in pre-heated oven at 220 °C for 20 minutes.

### Emmi, aktiv leben und genießen

Neben den bekannten Schweizer Käsesorten, die in gewerblichen Käsereien produziert werden, stellt Emmi eigene Käsespezialitäten her, die auch ins Ausland gelangen. Den traditionsreichen Käse wie Emmentaler und Gruyère verleiht Emmi durch die Höhlenreifung noch mehr Spezialitätencharakter. Im exklusiven Reifungslager, der natürlichen Sandsteinhöhle bei Luzern, werden diese Delikatessen affiniert. Weitere Markenprodukte aus dem Hause Emmi sind der Winzerkäse und der Luzerner Rahmkäse.

### Emmi, vivre activement et en profiter

En plus des variétés de fromages suisses bien connues produites dans des fromageries artisanales, Emmi produit ses propres spécialités de fromage qui sont exportées. Pour les fromages traditionnels tels emmental et gruyère, Emmi leur apporte un caractère de spécialité par l'affinage en grotte. Dans des grottes de molasse naturelles de la région lucernoise, les délicieux fromages sont soumis à un procédé exclusif de maturation. Le fromage des vignerons et le fromage à la crème lucernois sont d'autres spécialités Emmi.

### Active living and pleasure with Emmi

Apart from the famous Swiss cheeses that are produced in trade cheese dairies, Emmi produces its own cheese specialities that are also available abroad. Emmi gives cheeses rich in tradition, such as Emmentaler and Gruyère, a special character with the cave-maturation. The delicacies are refined in the exclusive maturation storage at the sandstone caves near Lucerne. Other label products from Emmi are the Wine maker's Cheese and the Lucerne Cream Cheese.

Emmi